CUERPOS DESOBEDIENTES

JOSEFINA FERNÁNDEZ

CUERPOS DESOBEDIENTES

TRAVESTISMO E IDENTIDAD DE GÉNERO

Fernández, Josefina
    Cuerpos desobedientes: travestismo e identidad de género.
– 1° ed. – Buenos Aires : Edhasa, 2004.
    216 p. ; 23x15cm.- (Ensayo)

    ISBN 950-9009-16-4
    1. Ensayo Argentino. I. Título
    CDD A864

Diseño de colección: Jordi Sábat
Realización y foto de cubierta: Eduardo Rey

Primera edición en Argentina: julio de 2004

© Josefina Fernández
© IDAES, Universidad Nacional de San Martín
© Edhasa, 2004
Paraguay 824 6° piso, Buenos Aires
info@edhasa.com.ar

Avda. Diagonal, 519-521. 08029 Barcelona
E-mail: info@edhasa.es
http://www.edhasa.com

ISBN: 950-9009-16-4
Hecho el depósito que marca la ley 11.723

Impreso por Cosmos Offset S.R.L.

Impreso en Argentina

Dedico este libro a la memoria de mi papá, quien solía decirme: "Nunca opines sobre el mundo desde la vereda de enfrente". Lo dedico también a Lohana Berkins por haberme acompañado a cruzar la calle y a Irene como legado de la frase de su abuelo, a quien no conoció.

Yo tengo el género femenino, lo que rodea la persona, lo que te marca como género femenino, ésas tengo. Por ejemplo la forma de vestir, de vivir, las actitudes, el nombre, la vida cotidiana: por ejemplo, levantarme y ponerme crema, que no es del género masculino. De lo masculino también tengo cosas. Cuando era chica yo trataba de ocultar lo femenino, que no se me escapara para que no me descubrieran. Luego hice lo contrario, que no me salieran gestos masculinos. Ahora ya nada de eso me importa.

(Testimonio de una activista travesti)

Índice

El encuentro

En el año 1997 estalla en la Ciudad de Buenos Aires un encendido debate en torno a la derogación de los Edictos Policiales. Los Edictos, comprendidos en el llamado Código de Faltas, otorgan facultades a la policía para reprimir actos no previstos por las leyes del Código Penal de la Nación. Cuando se establece la autonomía de la cuidad[1], los Edictos caducan y la nueva Legislatura porteña debe elaborar una norma que los reemplace. En marzo de 1998, se sanciona el Código de Convivencia Urbana con el que desaparecen figuras tales como la prostitución, la vagancia y la mendicidad, así como las detenciones preventivas en materia contravencional comprendidas en los mencionados Edictos. Para su sanción intervinieron un conjunto de factores. Por un lado, el accionar de movimientos sociales, especialmente el Movimiento Gay, Lésbico, Travesti, Transexual y Bisexual (MGLTT y B), el movimiento de Derechos Humanos y el movimiento feminista, todos los cuales venían pidiendo la derogación de los Edictos desde los tiempos de la apertura democrática en Argentina. Por otro lado, un motivo de peso para modificar la vieja normativa existente fue el mismo proceso de autonomización de la Ciudad de Buenos Aires: puesto que la Convención Estatuyente había incluido en su letra como causal de discriminación el género, la raza y la orientación sexual, el Gobierno porteño asumía el compromiso de evitar actos de esa naturaleza en su territorio.

[1] La Ciudad de Buenos Aires, Capital de la República Argentina, careció hasta el año 1997 de autonomía de Gobierno. Es en ese año cuando el Congreso Nacional aprueba una Ley Nacional que reglamenta dicha autonomía, establecida en la Reforma constitucional de 1994. A partir de ese momento los ciudadanos eligen por voto directo al Jefe de Gobierno de la ciudad y a un cuerpo propio de legisladores que reemplazan al antiguo Consejo Deliberante.

La aprobación del Código de Convivencia Urbana generó serias polémicas en el interior de la sociedad. Rápidamente la discusión se polarizó en dos posiciones: el Gobierno nacional, buena parte de los medios de comunicación, el ala derecha del espectro político-partidario del país, la policía y sus organizaciones cooperadoras, así como algunos/as vecinos/as opinaban que dicho código era demasiado permisivo y debilitaba el poder de la policía; mientras que los/as defensores/as del código celebraban la derogación de los edictos, ya que los consideraban fuente de corrupción y arbitrariedad policial.

Fue en este contexto en el que, como integrante del movimiento feminista, conocí a las organizaciones travestis. Implicadas directamente en el debate, habían emprendido una lucha organizada en torno a la despenalización de la prostitución callejera y la derogación de la figura contravencional que penaba el travestismo por "usar prendas del sexo contrario en lugares públicos"[2].

Hasta entonces, mis vínculos con el travestismo se habían limitado a lecturas aisladas sobre el tema. "Toparme" con las travestis –y digo toparme porque conocerlas fue un hecho de carácter accidental– puso en crisis muchas de las categorías que organizaban mi propia visión del escenario feminista. La clara ganancia teórica y política que para el femi-

---

[2] Si bien la investigación giró en torno al travestismo y las representaciones de género, el foco estuvo puesto en esa categoría particular de travestismo que es el travestismo prostibular, acotado a la Ciudad de Buenos Aires y organizado en la década de los años noventa en tres organizaciones. Cabe destacar que la mayoría de las travestis que residen en la Ciudad de Buenos Aires viven de la prostitución, siendo un porcentaje mínimo el de aquéllas que tienen otras actividades laborales. Según un estudio descriptivo exploratorio elaborado por la Defensoría del Pueblo de la Ciudad de Buenos Aires y la Asociación de Lucha por la Identidad Travesti y Transexual, realizado en base a 147 encuestas a personas travestis, el 89% trabaja en prostitución. El resto encuentra su fuente de ingresos a través de la familia o de la pareja 9%; del trabajo de peluquería 1%; de la actividad autónoma 3%; o de otras actividades no especificadas 3%. El 1% restante de las encuestadas no contestó la pregunta. Fuente: *Informe preliminar sobre la situación de las travestis en la Ciudad de Buenos Aires. Año 1999.* Defensoría del Pueblo de la Ciudad de Buenos Aires y Asociación de Lucha por la Identidad Travesti y Transexual. Buenos Aires, 1999.

nismo implicó considerar al género como el significado cultural que el cuerpo sexuado asume en un momento dado, parecía ser puesta en cuestión por el travestismo. En efecto, el travestismo parecía decir a la sociedad que, aun admitiendo la existencia de un sexo binario natural, no hay razón alguna para suponer que los géneros sean también, automáticamente, dos. Cuanto menos, el travestismo me enfrentaba a una interpretación del sexo biológico diferente a la socialmente esperada.

A medida que el travestismo adquiría visibilidad interpelando las relaciones hasta entonces establecidas entre construcción social del género, diferencia sexual y opción sexual, mis primeras impresiones sobre estos temas fueron asumiendo la forma de un proyecto de investigación cuyos resultados presento en este libro y cuyas preguntas centrales fueron: ¿Cuáles son las representaciones de género del travestismo? ¿Constituyen ellas un reforzamiento de las identidades de género socialmente establecidas como femenina y masculina? ¿Es el travestismo un tercer género, o, por el contrario, la expresión de una identidad paradójica para la cual la categoría género resulta insuficiente?[3].

Con estos interrogantes, me propuse estudiar las prácticas y representaciones de género asumidas por las travestis en los siguientes escenarios sociales: el MGLTT y B, el espacio público, la familia, la práctica prostibular y las intervenciones sobre el cuerpo. Las razones por las que privilegié estos espacios fueron diversas. El combate de las travestis por abrirse espacios de legitimidad social, me convenció de la necesidad de estudiar su participación en el MGLTT y B así como sus modos de auto presentación en la esfera pública y en los medios de comunicación. La pregunta acerca de quiénes eran las participantes de esos colectivos que

---

[3] La investigación fue realizada en el transcurso del año 1999 como parte del Magíster en Sociología de la Cultura del IDAES (Universidad Nacional de San Martín) bajo la dirección académica de la Dra. Dora Barrancos. Contó, asimismo, con el financiamiento de la Fundación Carlos Chagas/Mc Arthur (San Pablo, Brasil), *Tercer Programa de Treinamento em Pesquisa sobre Dereitos Reprodutivos an America Latina e Caribe - PRODIR III Homens-Masculinidades* y la supervisión académica del Dr. Richard Guy Parker (Profesor del Instituto de Medicina Social - UERJ ABIA, Río de Janeiro, Brasil y de la Universidad de Columbia, EE.UU.).

tan firmemente instalaban un grito nuevo en la sociedad; comenzaban a construir un relato hasta entonces ausente y movilizaban interrogantes que provocaban tanta atracción como contrariedad, me llevó a considerar el ámbito familiar, el trabajo prostibular y el mismo cuerpo, como dominios centrales en el proceso de construcción de la identidad travesti. En cada uno de estos escenarios, el travestismo libró gran parte de sus confrontaciones para obtener reconocimiento.

Develar estos procesos de interpretación de las relaciones de género y las prácticas que generan, fue el objetivo que me propuse para desarrollar la hipótesis central de este estudio, hipótesis que recoge la inquietud que me produjo el encuentro con ellas: *el travestismo cuestiona los principios de clasificación y reconocimiento de identidades de género legitimadas socialmente.*

Primera parte

Lo que se dice de ellas

Capítulo 1

Revisión histórica del concepto de travestismo

Si bien la puerta de entrada al estudio del sexo tal como lo concebimos hoy se abre en el siglo XVIII, los estudios de Foucault nos muestran que será necesario esperar hasta el siglo XIX y principios del siguiente para ver cómo la sexualidad se transforma en un dispositivo central en el ejercicio del poder, en el que se anudan dos preocupaciones fundamentales: el *control de la población* como un todo y el *control sobre el cuerpo*. Es en el transcurso de los dos últimos siglos cuando el sexo se constituye en un modo de acceso a la vida del cuerpo y a la vida de la especie que permite desarrollar políticas específicas sobre ellos (1976). La sexualidad se convierte en terreno para la disputa y el debate político, dominio clave de las relaciones sociales. En un contexto de cambio de las condiciones sociales y económicas, el cuerpo surge como un campo de intervención en el que, precisamente, cuerpo, conocimiento y población serán materia de importancia fundamental para las operaciones políticas. En términos de Jeffrey Weeks:

> La ansiedad que suscitaban en la mente burguesa los grandes contingentes de trabajadores, hombres y mujeres, en las industrias podía ser emocionalmente descargada mediante una campaña destinada a moralizar a las operarias, excluyéndolas de los puestos de trabajo. La inquietud a propósito de la vivienda y el hacinamiento se expresaba en las campañas que versaban sobre la amenaza del incesto. Los temores sobre la decadencia del imperio podían ser disipados mediante campañas moralizadoras

contra la prostitución, supuesta portadora de enfermedades venéreas, es decir, responsable del debilitamiento de los soldados.
La inquietud a propósito del carácter de la infancia podía reorien-
tarse a través de una nueva preocupación por la masturbación y
la segregación sexual en escuelas y dormitorios. El temor a los
efectos del feminismo en las relaciones entre los sexos podía ser
canalizado hacia cruzadas de pureza social para extirpar la inmoralidad (1993:128).

No es extraño, por tanto, que en esa época se hayan conocido los primeros esfuerzos científicos por estudiar la sexualidad; esfuerzos que, en los
países europeos, recibirán el nombre de *Sexología*, entendida como una
especie de "ciencia del deseo" (Weeks, 1993) que se ocupará de revelar la
clave oculta de la naturaleza sexual humana. Se inician los debates sobre
la existencia o no de la sexualidad infantil y adolescente, de la histeria y la
sexualidad femenina, y comienzan las primeras especulaciones sobre la homosexualidad, la intersexualidad, el hermafroditismo y sobre el tema que
hoy nos ocupa: el travestismo. En este recorrido, el concepto de género
tendrá también su lugar.

Como identidad psicosocial, el concepto de género aparece por primera vez en el campo de las ciencias médicas, a mediados del siglo XX,
en un intento por explicar y echar luz sobre un conjunto de prácticas
anómalas reunidas bajo el nombre de "aberraciones sexuales", dentro de
las cuales estaba el travestismo. Donna Haraway (1995) examina el origen del concepto de género e identifica los factores que rodearon el surgimiento del paradigma de la identidad de género. Ellos son, entre otros,
el énfasis en la somática sexual y en la psicopatología por parte de los
grandes sexólogos del siglo XIX y de sus seguidores, interesados en explicar las "inversiones sexuales"; el continuo desarrollo de la endocrinología bioquímica y fisiológica a partir de los años veinte; la psicobiología
de las diferencias de sexo surgidas de la psicología comparativa; las hipótesis múltiples sobre el dimorfismo sexual hormonal, cromosómico y neural
convergentes en los años cincuenta; y las primeras cirugías de cambio de
sexo alrededor de 1960. La categoría de género surge en el ámbito de las

ciencias médicas para explicar fenómenos "aberrantes" en la sexualidad de los individuos.

En el marco de una amplia reformulación de la vida cotidiana y de las ciencias sociales después de la Segunda Guerra, la idea de género facilitó la emergencia de los estudios feministas con poca atención a las categorías "pasivas" de sexo o naturaleza, sobre la base de las cuales había sido desarrollada. Enriquecido y reformulado por la teoría feminista, el concepto de género quedará alejado de los temas que le dieron origen: las así llamadas "aberraciones sexuales". Las teóricas feministas tomaron la distinción entre sexo y género y la usaron para desarrollar explicaciones sobre la opresión de las mujeres, luego de examinar las maneras en que el sexo biológico llegó a equipararse al género social. El sexo como tal, en la medida en que parecía representar un grupo fijo de características y limitaciones biológicas, se mantuvo fuera de la cruzada feminista. Las "desviaciones" que cuestionaban esos agrupamientos perdieron interés para la nueva perspectiva y quedaron así excluidas del campo de su mirada. Como sugiere Elizabeth Grosz (1994), bajo el presupuesto de que la biología o el sexo son categorías fijas, las feministas tendieron a hacer hincapié en las transformaciones a nivel del género; su proyecto fue, de alguna manera, minimizar las diferencias biológicas y proveerles diferentes significados y valores culturales. En los pocos casos en que travestismo y transexualidad constituirán un objeto de especulación para las feministas, serán considerados como fenómenos amenazantes para las mujeres o serán tema de una antropología interesada en ellos como fenómenos transculturales[1]. En este

---

[1] En el primer caso, un trabajo a destacar es el de Janice Raymond (1979), quien ve al transexualismo como el último medio inventado por los varones para asegurar su hegemonía en la lucha de los sexos y una competencia directa para las mujeres en su propio terreno. Para Raymond, las transexuales femeninas (varón a mujer) violan el cuerpo de las mujeres al reducir la verdadera forma femenina a un artefacto y apropiarse de este cuerpo para sí. Una interpretación similar es la realizada por Whitehead (1981) respecto a los roles berdache de las sociedades nativas norteamericanas. En opinión de Whitehead, los berdache son personas de un sexo anatómico que asumen ocupaciones, adornos, vestidos y estatus social del sexo opuesto por motivos oportunistas: ganar prosperidad

marco, el travestismo y la transexualidad pasarán transitoriamente al olvido en los estudios feministas.

Cronología del travestismo. Un primer esfuerzo

Luego de un largo período de criminalización y de encierro en prisiones y cárceles, los llamados "desvíos sexuales" pasarán a ser objeto de estudio de las ciencias médicas y sexuales que establecerán distintas formas de desviación, entre ellas: travestismo y homosexualidad, travestismo y transexualismo. Aun cuando la racionalidad científica de aquellos primeros esfuerzos haya girado en torno a la delimitación entre lo normal por un lado, y por el otro lo anormal o desviado –materia de escándalo público, punición y/o terapias médicas–, los sujetos diagnosticados como desviados sexuales comenzaron, por su parte, en ese momento, a hacer oír su voz.

Dave King (1998) organiza una cronología de los principales acontecimientos históricos que condujeron al advenimiento del concepto de travestismo. Si bien se trata de una cronología elaborada sobre la base de información recogida en los países de Europa occidental, puede también servir de guía más allá de esa frontera geográfica.

King establece un primer período, comprendido entre los años 1870 y 1920, en el que se puede apreciar la producción de gran cantidad de información acerca de varones y mujeres que se travisten y/o desean adoptar el rol adscripto al sexo opuesto. Se acuñan en esta época términos tales como "sentimientos sexuales contrarios" (Westphal, 1876), "metamorfosis *sexualis* paranoica" (Krafft Ebing, 1890), "travestismo" (Hirschfeld, 1910), "inversión sexo-estética" y "eonismo" (Ellis, 1913); y se impulsan investigaciones antropológicas sobre personas que se travisten en

———————————

económica y respeto social. Con relación a los análisis provenientes de la antropología feminista, son reveladoras las revisiones que Bárbara Vorhies y Kay Martin (1978) hacen de las etnografías clásicas sobre los *berdache*, *hijras* y *nadle* a partir de las cuales elaboran su propuesta de géneros supernumerarios.

sociedades no occidentales (Kroeber, 1940; Devereaux, 1935; Lewis, 1941).

El segundo período, comprendido entre los años 1920 y 1950, aunque es caracterizado como "oscuro", con informes que sólo complementarán los de años anteriores, los términos travestismo y eonismo son incorporados a la literatura y se publica material psicoanalítico en cantidad considerable. Hay un creciente desarrollo del conocimiento endocrino y de las tecnologías de cirugía plástica. Se dan en esta etapa los primeros intentos de cambio de sexo.

Durante el tercer el período, comprendido entre los años 1950 y 1965, se utiliza por primera vez el término transexual, acuñado por Cauldwell en 1950, y divulgado por Benjamin poco tiempo después. La transexualidad comienza a tener voz propia. Christine Jorgensen (primer varón operado) publica sus primeros artículos. En esta época comienzan los trabajos sobre intersexualidad en la Universidad John Hopkins y con ellos se inaugura el concepto de rol de género (Money, Hampson y Hampson, 1955) y, poco más tarde, simplemente género (Stoller, 1964).

Finalmente, durante los años siguientes, hasta 1979, King registra el surgimiento de las clínicas de identidad sexual y cirugía de cambio de sexo. Aumenta el interés sobre la transexualidad, y el travestismo es abandonado como tema de interés médico. No obstante, en los países centrales, travestis y transexuales inician experiencias organizativas y figuran con su propia voz en medios de comunicación prestigiosos.

La criminalización de las desviaciones sexuales

Los primeros registros existentes acerca de las llamadas "desviaciones sexuales" pertenecen al campo del derecho penal y de la criminología. Según estos testimonios tempranos, los desvíos sexuales de cualquier tipo eran considerados antisociales, antinaturales y se vinculaban al delito. Los delincuentes constituían una clase identificable, entre cuyos rasgos distintivos se destacaba la homosexualidad y, dentro de ella, el travestismo. Estas observaciones son pertinentes no sólo para Europa occidental y EE.UU., de donde proviene gran parte de la literatura orientada a reconstruir la historia de los grupos de diversidad sexual, sino también para algunos países de América Latina. En todos los casos, la criminalización de las denominadas desviaciones sexuales tiene sus comienzos en los últimos años del siglo XIX y principios del XX, época en la que también en todos los casos, el interés por tales desviaciones estuvo directamente relacionado al control poblacional. Se imponía un ordenamiento político y social del género y la sexualidad, ya sea por razones de nacionalidad, de clase social, de mercado laboral o de inmigración. La tipificación de las diversas modalidades que presentaban las desviaciones sexuales fue la herramienta de regulación de los estados y la que usaron los médicos criminólogos de la época. Las temidas plagas, cóleras y fiebres ya no constituían una gran amenaza; a cambio, se imponía ahora estudiar con urgencia las inversiones sexuales urbanas: el presunto afeminamiento de la sociedad viril y la masculinización de mujeres que entraban en el mercado de trabajo se transformaron así en objeto de política y materia de control policial.

En términos de Rowbotham y Weeks (1978), la homosexualidad era vista en Inglaterra como una amenaza para las relaciones estables dentro de la familia burguesa, considerada cada vez más como sostén del *statu quo* social. En ese país, entre los actos *contra natura* que contaban con estatuto de crimen y eran, por tanto, objeto de punición y castigo, se incluía la homosexualidad. Tanto en la opinión pública como entre los trabajadores del movimiento por la pureza social, la homosexualidad era escasamente diferenciada, legal o moralmente, de la masturbación, la cual, al inducir de manera precoz a la sensación física, abría las puertas del debilitamiento y conducía al vicio y la enfermedad. *Vicio* o *pecado* eran los calificativos usados en Inglaterra para nombrar a la homosexualidad a mediados del siglo XIX. Según señalan los autores arriba mencionados, la abolición de la pena de muerte por el delito de sodomía, decretada en 1861, no supuso una liberalización sino un fortalecimiento de las leyes contra la homosexualidad. Mediante una cláusula de la *Criminal Law Amendement Act* de 1885, todas las actividades sexuales entre hombres, equiparadas ahora a la sodomía, fueron declaradas actos de "indecencia grave", punibles con penas de hasta dos años de trabajos forzados.

Para el caso de la Argentina finisecular, Jorge Salessi (1995) nos refiere los diversos propósitos que cumplieron las construcciones textuales, descripciones y ordenamientos taxonómicos de inversiones sexuales o genéricas como la homosexualidad, el travestismo y la pederastía pasiva o activa. Por un lado, se trataba de controlar, a través de la estigmatización y criminalización, una cultura de homosexuales y travestis crecientemente visible en el Buenos Aires de la época. Por otro lado, la construcción que se hizo por entonces de la homosexualidad definía a ésta como un mal que acechaba espacios de formación e instrucción del nuevo sujeto argentino tales como las escuelas y el ejército[2]. En estudios similares sobre desviaciones sexuales efectuados en México, Rob Buffington (1998) señala que éstas ponían en peligro el desarrollo nacional, político, económico y social del país. La homosexualidad, afirma el autor, socavaba la existencia misma de la Nación, al fomentar uniones sexuales estériles en una era obsesionada por la reproducción nacional y la supervivencia internacional.

Si bien el punto de partida en el tratamiento de las llamadas desviaciones sexuales fue común a algunos países de Europa occidental y de América Latina, no lo fueron los actores que intervinieron en el estudio de las mismas. En Argentina, México y Nicaragua, por ejemplo, fueron los médicos criminólogos quienes encabezaron las investigaciones de los desvíos sexuales y quienes, estando comprometidos directa o indirectamente en el desarrollo nacional, político, económico y social de sus países, no dudaron en asociarlos "científicamente" al concepto de delito.

El nombre elegido para designar al sujeto de prácticas homosexuales en Argentina a fines del siglo XIX y comienzos del XX fue "invertido

---

[2] En los cuarteles del Ejército Nacional argentino se debía completar la integración y educación de los hijos de inmigrantes que conformarían el primer electorado del país. Asimismo, durante las últimas décadas del siglo XIX se investigaban los sistemas educacionales, disciplinas y metodologías orientadas a realizar la integración cultural de la nueva población de argentinos de primera generación a los que se les debía inculcar nociones de nacionalidad connotadas y asociadas con significados de respetabilidad y ética laboral burguesa (Salessi, 1995:183-185).

sexual", categoría que incluía a un vasto conjunto de individuos que se relacionaban sexualmente con "los de su mismo sexo", algunos de los cuales vestían ropas propias del otro sexo. Dichas conductas, sea que tuvieran por finalidad el robo, la estafa o el provecho propio, que se debieran a cuestiones de gusto o a razones patológicas, eran siempre, indiscriminadamente, objeto de punición. El criminólogo Eusebio Gómez lo ilustra en su libro *La mala vida en Buenos Aires* (1908), adonde sostiene que, independientemente de las posibles explicaciones que se dieran, la inversión sexual debía incluirse en el *cuadro de la mala vida*. Dentro del conjunto de personajes que componían ese cuadro, encontramos a las prostitutas, los delincuentes profesionales, los estafadores, los *biabistas* –que dan la biaba, golpean para robar– y los invertidos sexuales. "Mala vida" era el conjunto de manifestaciones aberrantes de la conducta que daba cuenta de una inadaptación a las reglas éticas socialmente establecidas. Dentro del conjunto de los malvivientes, los invertidos sexuales fueron caracterizados específicamente por Gómez como sujetos de inmoralidad larvada, accidental o alternante, los cuales, sin por ello dejar de contarse entre los individuos de mala vida, representaban de manera ejemplar las etapas de transición entre la honestidad y el delito, la zona de interfase entre el bien y el mal.

Mientras en Argentina fueron los médicos mismos quienes criminalizaron las desviaciones sexuales, en Inglaterra y Alemania, estos profesionales –en algunos casos homosexuales e incluso activistas políticos a favor de los grupos de diversidad sexual– trabajaron en un sentido contrario, luchando desde temprano por la descriminalización de los desvíos. Quizá en esto resida la razón por la que en Argentina debemos esperar a los últimos años del siglo XX para ver desatarse el fuerte vínculo entre criminología, medicina e inversión sexual. En efecto, fue recién en la década de los años noventa cuando se incorporaron al orden constitucional cláusulas que penan toda forma de discriminación por orientación sexual y se derogan figuras punitivas tales como *llevar prendas del sexo contrario*.

De la prisión al consultorio

En la mayoría de los países de Europa Occidental, como hemos visto, la descriminalización de las "desviaciones sexuales" vino de la mano de los primeros sexólogos, gran parte de ellos de origen alemán. Krafft Ebing fue uno de los primeros profesionales que a fines del siglo XIX abogó por ubicar el origen de las "desviaciones sexuales" en el cuerpo o en la mente de los afectados y llevarlas así de la prisión al consultorio médico. Para Krafft Ebing, el sexo no era meramente una categoría biológica que se revelaba en el momento de nacer, sino un complejo de factores que incluían la orientación sexual, las conductas sexuales y otros indicadores psicosexuales. Usó el término "sexo del individuo" para designar estrictamente el sexo biológico, e "instinto sexual" para denominar lo que hoy llamaríamos orientación sexual o preferencia sexual. Ebing sostuvo que a cada sexo correspondía un instinto característico y que, por lo tanto, si un individuo manifestaba el instinto característico del otro sexo, se estaba entonces frente a una "sexualidad contraria o antipática".

Los esfuerzos por desinscribir las "inversiones sexuales" del ámbito criminal, condujeron a los sexólogos europeos de fines del siglo XIX y principios del XX a la elaboración de una compleja taxonomía cuya historización permite advertir las características y atribuciones que separarán el travestismo de la homosexualidad y del transexualismo, fenómenos todos englobados inicialmente bajo el título de "aberraciones sexuales". Desde el siglo XIX los sexólogos occidentales se preocuparon por establecer distinciones entre homosexualidad, travestismo y transexualismo. La categoría "sentimiento sexual antipático", bajo la cual la psiquiatría y la práctica sexológica habían agrupado homosexualidad, travestismo y transexualismo, comenzó entonces a dar lugar a modelos de conducta, etiologías y tratamientos diferentes.

La concepción de las desviaciones sexuales como instintuales, sostenida por los sexólogos europeos, atribuía a ellas un carácter congénito, más integrado al reino de la naturaleza y la biología que al de la cultura y el medio ambiente. Distinto fue el caso de los criminólogos argentinos. Según Salessi (1995), ellos se debatían en la contradicción *inversión congénita/inversión adquirida*. Mientras los médicos preferían hablar de inversiones adquiridas, los mismos invertidos insistían en ser enrolados bajo la categoría de invertidos congénitos. No obstante, los primeros no despreciaban ni eliminaban absolutamente del arco de posibilidades explicativas la existencia de inversiones congénitas. Salessi encuentra en ello razones políticas: el poder otorgado a los médicos dentro del aparato legal se derivó, entre otras cosas, de la teoría lombrosiana del *nato*, que permitía transformar a los médicos en jueces. Pero, simultáneamente, aceptar el carácter congénito de las inversiones, los privaba de la posibilidad de ejercer el poder que detentaban. Parafraseando a Alberto Ure (1991), estos criminólogos eran "criollos, pero no eran idiotas".

Aun cuando algunos de los estudios elaborados por los criminólogos presentaban un "caso" como perteneciente a la categoría inversión congénita, la influencia del medio no era nunca descartada por completo. Así lo ilustra la historia de *Manón*, estudiada por Francisco de Veyga a principios del siglo XX. Al ser seducido por el preceptor, Manón actualiza una desviación sexual congénita "latente". Más numerosos fueron los casos de inversión adquirida, muchos de los cuales se refieren a personas que se travisten. Las historias de *Aurora, Rosita de La Plata* y el burgués que abandona su vida, se trasviste y se entrega al delito y la perversión, integraron el estudio realizado por De Veyga (1903) titulado "La inversión sexual adquirida". Las fiestas de homosexuales, el carnaval y las visitas frecuentes a los prostíbulos fueron los ámbitos considerados como propicios para la adquisición de prácticas sexuales desviadas.

La diferencia más destacada entre las elaboraciones que hacían las ciencias sexuales de Europa y EE.UU. y las que se produjeron en Argentina, fue la preeminencia que tuvo en esta última la posición adoptada durante el acto sexual, según que fuera receptiva "pasiva" o insertiva "activa". El estigma y la criminalización recayeron sobre quienes eran pasivos. La identidad sexual del "invertido" en la Argentina de principios de siglo fue polarizada en torno al rol pasivo/activo adoptado y no sólo en función de la similitud de sexo con la pareja sexual[3].

---

[3] Como Salessi en Argentina, Roger Lancaster (1992) da cuenta de un fenómeno similar al estudiar la construcción que se hizo en Nicaragua sobre el invertido en la segunda mitad del siglo XX.

Travestismo y homosexualidad

Magnus Hirschfeld, quien acuñó el término travesti a principios del siglo XX, fue uno de los primeros en distinguir travestismo y homosexualidad. Autor de *Sexual Anomalies* (1905) y de *Transvestites. The Erotic Drive to Cross Dress* (1910) fue uno de los precursores de la "química del sexo" –la endocrinología– y su influencia en el campo de la sexología fue notable. Hirschfeld estaba convencido de la relevancia de la "ciencia glandular" en el campo de la sexología. Creía que tanto la homosexualidad como el travestismo podían ser explicados por variaciones en las hormonas sexuales. Estas variaciones determinaban el hermafroditismo, la androginia, la homosexualidad y el travestismo. Refutando la clasificación que hiciera Krafft Ebing (1890) respecto al travestismo como una variante de la homosexualidad, Hirschfeld lo presenta como un fenómeno independiente. Utiliza el término travesti para describir a aquellas personas que sienten compulsión por usar ropas del sexo opuesto (1910). Hirschfeld se batió contra la idea de que todos las travestis eran homosexuales, la cual por entonces era una concepción muy extendida dentro de la sexología. Separó, así, travestismo de homosexualidad, definiendo a esta última como una forma de actividad sexual contraria y al travestismo como una variante intersexual que podía darse acompañada de diferentes prácticas sexuales. Ambas eran, no obstante, "variantes naturales" de la norma: la heterosexualidad.

Havelock Ellis (1913), autor de *Studies in Psychology of Sex*, también estudió el fenómeno travesti y criticó la posición de Hirschfeld, quien, en opinión de Ellis, reducía el travestismo a un problema de vestido, aun cuando éste –afirmaba– fuera sólo uno de sus componentes. Ellis llamo "eonismo" al travestismo y el término descriptivo para el eonismo fue "inversión sexo-estética"[4]. El concepto de inversión sexo-estética no

[4] Ellis acuñó el término *eonismo* inspirado en un famoso travestido, el Chevalier d´Eon, quien, en el siglo XVIII, adoptó el vestido femenino y llegó a ser visto comúnmente como una mujer. El Chevalier fue un miembro clave del cuerpo diplomático francés y apareció como una mujer tanto en los medios oficiales como en la privacidad de su hogar. La elección del Chevalier d´Eon como epónimo del término "inversión sexo-estética" es significativa, dado que Ellis notó que el Chevalier tuvo una predisposición constitutiva para la vida

tenía el mismo sentido que inversión sexual, aun cuando Ellis pensó que ambas inversiones tenían una base orgánica. Si la inversión sexual significaba impulso sexual, orgánico e innato hacia el mismo sexo, para Ellis la inversión sexo-estética era aquella que conducía a una persona a sentirse como alguien del sexo opuesto, y a adoptar las tareas, hábitos y vestidos del otro sexo, mientras la dirección del impulso sexual se mantenía normal. A su juicio, tanto homosexuales como travestis manifestaban tipos de anomalías sexuales intermedias.

En las ciencias sexuales argentinas la categoría de homosexual no reemplazó a la de invertido sexual; por el contrario, esta última persistió y, como dice Salessi, fue utilizada para especificar, más allá de la elección del objeto sexual, el rol adoptado en la relación sexual entre personas del mismo sexo. Del mismo modo, tampoco hubo nombres específicos para distinguir homosexualidad de travestismo. Aún así, en el conjunto de los registros dejados por los médicos criminólogos, es posible rastrear las diferencias entre un concepto y el otro. Homosexualidad significaba elección de objeto sexual incorrecto, sin interesar el rol asumido en la relación sexual. Pederastía pasiva denotaba la inversión del rol insertivo definido como correcto para los varones. Quienes asumían el rol pasivo y, además, invertían otras costumbres como vestido, modales y hábitos, padecían entonces del delirio de creerse una mujer en el cuerpo de un hombre. Estas personas, que según el diagnóstico de los médicos padecían de *ilusión delirante*, eran seguramente las travestis.

Estas descripciones, aunque en un lenguaje diferente al de las ciencias médicas, aparecen también en expresiones culturales de la época. En efecto, en 1914 se estrena en el Teatro Nacional de Buenos Aires el drama realista de José González Castillo (1885-1937)[5], *Los invertidos*.

————————————

que eligió, favorecida por una disposición casi asexual, y agregó que en la gente con este tipo de anomalía psíquica, el vigor físico sexual parece anormal. Según Ellis, el Chevalier no se travestía periódicamente; más bien, escogió vivir como mujer. La asexualidad adscripta al Chevalier es ahora considerada parte del síndrome transexual.

[5] En el libro *José González Castillo: cine mudo, fábricas y garçonnières*, Aníbal Ford y Nora Mazziotti presentan de manera ejemplar y sintética a este dramaturgo. Lo ha-

Como señala Alberto Ure (1991), "el problema central del texto es la clasificación de la homosexualidad y los cruces lingüísticos que provoca". Uno de los protagonistas de la obra, el Doctor Flórez, es un abogado criminalista, con esposa e hijos, que debe resolver un caso de "hermafroditismo" y al que, seguramente con la intención de mostrar la hipocresía burguesa de la época, González Castillo le atribuye una doble vida. Como advierte Ure, Flórez, prestigioso criminólogo de la época, junto al resto de varones que intervienen en el drama "se deslizan gradualmente de la bisexualidad al travestismo". Se trata de varones que quieren ser mujeres, no de varones que deseen varones, aun cuando en el texto está siempre presente el equívoco verbal entre hermafroditas, manflores, maricones e invertidos. No obstante esto, continúa el autor, hermafroditismo y homosexualidad estaban ya claramente diferenciados, dato presente en cualquier manual de medicina legal de entonces.

Travestismo y transexualidad

El término "transexual", introducido en la literatura sexológica por Cauldwell en los años cuarenta con su trabajo *Psychopathia Transexualis*, no adquiere relevancia sino en los cincuenta, cuando el transexualismo como síndrome médico fue clínicamente diferenciado del travestismo. Esta diferenciación se dio en el contexto de artículos escritos por dos endocrinólogos: los trabajos de Christian Hamburger (y colegas) después de la cirugía de George/Christine Jorgensen en 1952, y los de Harry Benjamin, conocido como "padre del transexualismo".

---

cen a través de su obra, a la que definen como "un entramado con matrices de la Argentina moderna: con la percepción– entre la *garçonnière* y la fábrica– de la ciudad masiva y babilónica; con los lenguajes de la denuncia y la política en fuerte conflicto con la legislación y el duro Estado –posterior a la Comuna de París– de principios de siglo; con el desarrollo de los medios de comunicación desde el interior de las transformaciones sociales y tecnológicas; con las estructuras, aún básicas, aún persistentes, con que procesamos y constituimos nuestra cotidianeidad, dentro o fuera de la pantalla o escena" (1991:77).

Alrededor de 1954 Benjamin establece una diferencia sorprendentemente actual entre travestismo y transexualismo: en el travestismo los órganos sexuales son fuente de placer; en el transexualismo son fuente de disgusto. Algunos años después, en 1966, se publica *The Transsexual Phenomenon*, donde Benjamin consolida su postura sobre el transexualismo y establece tres tipos de transexual: "no quirúrgico", "verdadero de intensidad moderada" y "verdadero de intensidad alta". A diferencia del primero, más próximo al travestismo, las/os transexuales verdaderos de las dos categorías requieren la cirugía, y de manera urgente. En un *continuum*, cuyos extremos son, según Benjamin, la "normalidad" y el transexualismo, el travestismo ocupa un lugar intermedio e indeterminado entre ambos.

Un hecho significativo del trabajo de Benjamin fue la relación que plantea entre el sexo y el género, considerados como herramientas conceptuales en el diagnóstico clínico de los transexuales. El sexo, dirá, es más aplicable allí donde está implicada la sexualidad, la libido y la actividad sexual; el género es, por su parte, el lado no sexual del sexo. El género está localizado "arriba del cinturón" y el sexo "abajo del cinturón". Sobre la base de esta distinción, Benjamin señala que el travesti tiene un problema social, el transexual un problema de género y el homosexual un problema sexual.

En algún sentido, Benjamin preparó el terreno para la elaboración de la teoría de identidad de género de los años sesenta articulando las distinciones teóricas entre lo que estaba "arriba y abajo del cinturón". Pero abogó por el tratamiento quirúrgico del transexual –esto es, el tratamiento abajo del cinturón– para lo que él creía que era un problema de género ubicado, por lo tanto, "arriba del cinturón". En otras palabras, mientras afirmaba que el transexual tenía un problema de género, el tratamiento que proponía se dirigía precisamente a los ámbitos que no constituían el problema transexual: el sistema endocrino y la genitalidad anormal del transexual.

El otro aspecto significativo del trabajo de Benjamin fue establecer el término transexual como significante apropiado para los sujetos que requieren el cambio de sexo. Pese a la introducción posterior de otros términos, transexual es el nombre dado, aún hoy, a aquéllas/os sujetos que solicitan cambio de sexo.

Del consultorio médico a la calle. Del sexo al género

Las distinciones hechas por Benjamin entre sexo y género fueron posibles gracias al trabajo de Money y de los Hampsons en 1950. Estos inauguraron la separación semántica entre sexo (biológico) y género (psicosocial), que Benjamin había identificado como arriba y abajo del cinturón. Al mismo tiempo que Benjamin estaba trabajando con el tema del transexualismo, Robert Stoller iba desarrollando criterios etiológicos para el diagnóstico del transexualismo, tanto como su teoría de la identidad de género. El trabajo de Stoller condujo a la conceptualización del transexualismo como un desorden de la identidad de género: el transexual es, para él, un individuo que ha desarrollado una identidad de género equivocada según su sexo propio. Un camino similar siguieron la homosexualidad y el travestismo, categorías que junto al transexualismo aparecieron caracterizadas en la primera edición del *Diagnostic and Statistical Manual for Mental Disorder* en 1952 como "desviaciones sexuales", y fueron redefinidas años después como desórdenes de la identidad de género.

Retomando la cronología de King (1998), este deslizamiento del concepto de sexo al de género corresponde también a un desplazamiento del consultorio a la calle. La lucha organizada de los homosexuales desembocó en la despatologización de sus prácticas sexuales y la desregulación médica. El travestismo dejó así de ser tema de interés médico al tiempo que en los países centrales se inicia su experiencia organizativa. En la voz de Virginia Prince, activista que en los años setenta abogó por los derechos travestis en EE.UU., la distinción teórica entre sexo y género habilitó la opción por la identidad travesti, la posibilidad de imitar las cualidades genéricas. Al mismo tiempo, y contrariamente a la homosexualidad y el travestismo, el transexualismo, por no contentarse con actuar el género y empeñarse en exhibir el cuerpo como sexo también, fue incluido de manera definitiva en la agenda médica[6].

A diferencia de sus contemporáneas alemanas e inglesas, quienes no sólo estaban organizadas para la acción política sino que también contaban con publicaciones propias, las travestis de Argentina de principios de siglo, sin organización y sin medios de información a través de los cuales hacerse escuchar, dejaron documentada su práctica en los informes de los mismos médicos y criminólogos que trataron de hacer desaparecer su cultura. Un ejemplo ilustrativo de ello es la "Autobiografía" escrita por Luis D., autodenominada "la Bella Otero", publicada por Francisco de Veyga en el año 1903 bajo el título "La inversión sexual adquirida – Tipo profesional: un invertido comerciante". La "Autobiografía" da cuenta de la cultura travesti de principios del siglo XX, de las prácticas sexuales de sus integrantes, de los espacios y lugares que frecuentaban, y expresa, además, a través de la parodia, la relación entre una cultura travesti que empezaba a ser vista y escuchada y aquella otra, hegemónica, que patologizaba a la primera y la conducía al encierro en nombre de su eventual regeneración.

Tal como nos muestra Salessi, a lo largo del relato de Luis D., la Bella Otero cambia el atuendo de madre católica, que viste al comienzo de su autobiografía, para llevar luego el correspondiente a un invertido sexual y concluir con el de una diva de café *concert*. De alguna manera, la auto presentación de la Bella Otero como una travesti que prefiere el rol pasivo –el más perseguido por los médicos criminólogos y, por tanto, el más estigmatizado en la sociedad– parecía desafiar el discurso médico. Al abrazar completamente el estigma, la Bella Otero lo vuelve risible al tiempo que resignifica las valoraciones que los médicos criminólogos de la época atribuían a sus prácticas.

No obstante las notables diferencias existentes en el tratamiento que de los desvíos sexuales se hizo en algunos países de Europa occiden-

---

[6] Mientras homosexuales y travestis habían sido sujetos de tratamientos médico-psicológicos orientados a eliminar conductas consideradas perversas, las terapias para los transexuales tenían como fin facilitar los deseos de los transexuales, aliviarlos del sufrimiento.

tal y de América Latina, es posible señalar que al tiempo que las clasificaciones de la criminología, medicina, sexología y psiquiatría, asociaban homosexualidad, travestismo y transexualidad al terreno de las patologías y/o del delito, las mismas proporcionaban simultáneamente el marco propicio para la reivindicación de una identidad propia, alejada de las definiciones médicas o en franca resistencia a ellas.

Si bien voces como la de la Bella Otero no se plantearon explícitamente propósitos tales como la descriminalización de la práctica travesti en Argentina, ellas dan cuenta de una cultura que no recibe pasivamente el discurso dominante sino que establece un diálogo con éste mediante una mueca de resistencia que, valiéndose del remedo, deja constancia de sí misma y de su empeño por encontrar un lugar en la sociedad.

Desde aquellos testimonios registrados en los Archivos de Psiquiatría de fines del siglo XIX y principios del XX a la actualidad, poco se conoce sobre el posterior devenir del travestismo en Argentina. La memoria de las mismas protagonistas, mayores de setenta años, me permitió acceder a algunos retazos de información sobre este vacío histórico de datos.

A juicio de ellas, el primer período del gobierno peronista es el que más claramente inició la persecución de gays y travestis, ejercieran o no la prostitución callejera. Las maneras de caminar, el vestido y la apariencia en general serán motivo de una condena de la que hasta entonces estaban excluidas.

De manera contraria, los años setenta son caracterizados como de "destape travesti artístico" y el mismo se inicia con la llegada al país de una travesti brasilera que actúa por primera vez en un conocido teatro porteño. Su actuación constituye la "llave" que abrirá la puerta a posteriores representaciones de travestis locales. Poco después, por iniciativa de un productor llamado Pepe Parada, arriba a Buenos Aires una travesti de origen francés, que debuta en el Teatro Nacional. La reacción de la Iglesia, más precisamente la Acción Católica, y algunos sectores políticamente de derecha llevan a esta travesti a la cárcel de Devoto con un arresto de treinta días. Gracias a la intervención de la Embajada de Francia, la travesti es devuelta a su país, de donde regresará a Buenos Aires luego de un tiempo,

ahora convertida en transexual y habilitada para actuar en el Teatro Maipo
junto a reconocidas vedettes del medio local. Para entonces, los escenarios
aptos para la actuación travesti serán Teatrón en el barrio norte de la ciudad y Oráculo en la Boca, entre otros pocos más. Según las travestis que
refieren estos sucesos, la dictadura de Lanusse no constituyó un problema
para ellas; él tenía otra preocupación: "La lucha contra las organizaciones
políticas armadas que comenzaban su accionar"[7].

Parecería entonces que, desde la perspectiva de las travestis, en el
transcurso del primer gobierno peronista, la persecución y condena a
gays y travestis se extendía bajo diferentes formas, muchas de ellas arbi-
trarias en tanto no era necesario para ser detenida y condenada el ejercicio de la prostitución. Entretanto, durante los años setenta la restricción
que recuerdan haber tenido las mismas travestis, proviene fundamentalmente de la presión ejercida por la Iglesia católica y la represión queda
limitada a la visibilidad pública y artística del colectivo.

Lo cierto es que la oferta y demanda de sexo, que afectó tanto a
mujeres como travestis en situación de prostitución, fue discutida en el
país por moralizadores, políticos y clérigos desde mediados del siglo XIX.
Las primeras normas datan de 1875, cuando el entonces Consejo Deliberante porteño votó una ordenanza donde las prostitutas eran definidas como "mujeres que venden favores sexuales a más de un hombre".
La ley alejaba a los rufianes de los burdeles y a las prostitutas de los
edificios públicos, iglesias y vía pública. Con la expectativa de erradicar
definitivamente las redes de rufianes y regentas, en 1936 son derogadas
las reglamentaciones sobre prostitución y se sanciona la Ley 12.331,
conocida como Ley de Profilaxis Social. Esta normativa, de carácter abolicionista, prohíbe la explotación ajena sin penalizar el ejercicio independiente. La interpretación de esta ley divide las aguas. A un lado,
expertos legales sostenían que todos los actos de prostitución constituían

[7] Las mismas travestis a través de las cuales intenté recabar datos sobre este largo
período de tiempo, recuerdan que también fue durante la década del setenta que se
estrenó una película titulada originalmente *Mi novia el travesti*. Este nombre debió
modificarse, una vez más, gracias a la intervención de la Acción Católica. En adelante,
la película aparecerá en los carteles con el nombre *Mi novia el...*

una violación a la norma que había clausurado los burdeles. Al otro lado, había quienes insistían en que dicha ley no penalizaba la prostitución sino sólo los burdeles. Gradualmente, se produce un desplazamiento de estos sitios de comercio sexual a los cabarets y similares espacios nocturnos y a las calles de la ciudad.

Según relata Donna Guy (1994), la consecuencia más destacada atribuida a la Ley de Profilaxis Social fue un supuesto aumento de la homosexualidad. Hasta los años treinta el comportamiento homoerótico entre varones adultos no constituía un problema de importancia. Solamente aquellos varones que vestían prendas femeninas o que seducían a jóvenes y menores eran arrestados. Sin embargo, poco a poco esto comenzó a cambiar y el hipotético incremento de la homosexualidad fue asociado a fallas propias de la Ley de Profilaxis. En el marco de las discusiones sobre ésta, durante las décadas de 1930 y 1940 las autoridades militares argentinas decidieron abrir burdeles próximos a los cuarteles y despenalizar la prostitución femenina. En el año 1944, durante el gobierno militar del presidente Edelmiro Farell, se firma el decreto 10.638, dos de cuyos artículos constituyen enmiendas a la Ley de Profilaxis. Uno de ellos permitirá el funcionamiento de algunas casas de prostitución con la condición de que las mujeres fueran sometidas a exámenes médicos. Otro artículo refiere enfáticamente que las mujeres empleadas en burdeles autorizados no serían penalizadas. Este decreto es interpretado en la literatura sobre el tema como un esfuerzo por evitar el riesgo de "incidentes homosexuales" en la tropa militar, que empezaban a tomar estado público, y por evitar también la adquisición de enfermedades venéreas. Llegamos así al primer gobierno peronista (1946-1955) con la legalización de los burdeles municipales en 1954. Durante la dictadura de Aramburu es ratificada, mediante el Decreto Ley 11.925, la convención de las Naciones Unidas del 2 de diciembre de 1949 –cuya letra constituía un claro pronunciamiento por la represión de la trata de personas y de la explotación de la prostitución ajena– consagra a nivel mundial el sistema abolicionista. Poco después, en el transcurso de la presidencia de Arturo Frondizi dicha convención será nuevamente ratificada con la Ley 14.467, conocida como Ley ómnibus.

Los edictos policiales o Códigos de Faltas acompañan este largo proceso asumiendo modalidades diferentes. Aunque comienzan a regir en el año 1870, será recién a principios del siglo XX cuando se delega a la policía la represión, control y regulación de la vida cotidiana. Durante el gobierno de facto de Aramburu se establece una nueva Ley Orgánica de la Policía Federal, vigente hasta el año 1998, a través de la cual se faculta a esta fuerza no sólo a emitir los edictos sino también a aplicarlos. El Congreso Nacional los convierte en ley durante el gobierno de Frondizi y en el año 1985, cuando Fernando de la Rúa se desempeñaba como intendente de la Ciudad de Buenos Aires, se otorga a la policía competencia para juzgar. Ebriedad, vagancia, mendicidad, desórdenes y prostitución podrán, en adelante, ser castigados con treinta días de arresto. El escándalo incluirá una figura que afecta directamente a las travestis: serán reprimidos, entre otros, "los que se exhibieren en la vía pública con ropas del sexo contrario" (Artículo 2° F) y "las personas de uno u otro sexo que públicamente incitaren o se ofrecieren al acto carnal" (Artículo 2° H).

Distanciándose gradualmente del consultorio médico, pero no de la cárcel, el travestismo en Argentina hará su entrada en el dominio público en los años noventa y dará lugar no sólo a movimientos sociales y agrupamientos cuyas voces se instalan en el espacio social, sino también a un debate que ya se mueve con referencias teóricas plurales.

Capítulo 2

Tres hipótesis sobre el travestismo

La aparición del travestismo organizado en el espacio público y las discusiones que generó el reclamo por sus derechos en los años noventa, lo presentan como uno de los fenómenos que más convulsión introdujo en el espacio social de los géneros. La dificultad de responder a la pregunta acerca de cuáles son sus representaciones de género parece estar en el origen de los debates callejeros, tanto como de aquéllos otros provenientes de ámbitos especializados en el estudio de esa práctica cultural. Y si en la calle las disputas son abiertas, entre los/as investigadores/as de estos temas aún hay pocos acuerdos. Desde la primera parte del siglo XX, cuando el sexólogo alemán Magnus Hirschfeld acuñó el término travesti, hasta la actualidad, y aun cuando el travestismo ha sido estudiado ampliamente por diversas disciplinas, las definiciones que se establecen exhiben las mismas ambigüedades que pareciera presentar el fenómeno en sí.

Una de las ciencias que más se ha preocupado por mostrar el carácter culturalmente variable del comportamiento sexual es la Antropología. Como bien señala Barreda (1993), los estudios antropológicos que abordan la temática de la sexualidad intentan descifrar cuál es el criterio básico de diferenciación entre los sexos; cuáles son las especificidades de las representaciones que orientan los comportamientos sexuales y cómo esas representaciones son vividas por los actores sociales en situaciones y contextos socio-culturales concretos. En el camino para encontrar respuestas a estas preguntas, los/as estudiosos/as se interesaron en el travestismo, fenómeno ampliamente documentado tanto en las etnografías clásicas como en otras más recientes. A partir de la revisión de tales etnografías que, desde una perspectiva de género, realizan las antropólogas Kay Martin y Bárbara Voorhies (1978), el travestismo es presentado como una tercera posibilidad en la organización y representación de género, un tercer estatus sexual, lo que se ha dado en llamar el *tercer género*. En igual dirección ubico a autores como Roscoe (1996), Habychain (1995), Bolin (1996), entre otros/as pocos/as más. Esta categoría, al igual que la equivalente biológica de intersexo, agrupa al conjunto de individuos de "género confuso"[1]. En algunas ocasiones se toma como criterio clasificatorio el desplazamiento entre género y sexo; en otras se repara en la orientación sexual (homosexual, heterosexual, bisexual).

Otros/as investigadores/as proponen ver el travestismo como expresión de uno de los dos géneros disponibles en nuestra sociedad: masculino o femenino –aun cuando su práctica alterne entre uno u otro género según determinadas situaciones de interacción social (Barreda, 1993), o integre un *continuum* varón a mujer (Ekins, 1998)–.

Finalmente, hay quienes estiman que la característica más destacada del travestismo es impugnar el paradigma de género binario y poner así al descubierto el carácter ficcional que vincula el sexo al género. Así por ejemplo, Marjorie Garber (1992) utiliza la categoría "tercer género" pero en un sentido muy distante al dado en las etnografías que referí arriba. Ella entiende que una de las fuentes de confusión entre travestismo, orientación, comportamiento sexual, etc., deriva de la diferencia entre la construcción del género y la atracción sexual. La confusión de género versus sexo o sexualidad, dirá Garber, es de hecho

> (...) una de las equivocaciones claves que ha producido el tema en debate (...) la distinción no es siempre tan fácil de hacer; la línea límite entre género y sexualidad, tan importante para la más reciente teoría feminista y teoría de género, es uno de los muchos límites probados e interrogados por el travestismo. El efecto

---

[1] Los intersexos son, según la antropóloga Marta Lamas, aquellos conjuntos de caracteres fisiológicos en que se combina lo femenino con lo masculino. La sola combinación de órganos sexuales internos y caracteres sexuales secundarios da como resultado cinco sexos biológicos (Lamas, 1995).

cultural del travestismo es desestabilizar todas las categorías binarias: no solamente masculino/femenino, sino también gay/ no gay, sexo y género. Este es el sentido –el sentido radical– en el cual el travestismo es un tercero (1992:11).

Garber aclara insistentemente que tercer género no quiere decir género borroso: no se trata de otro sexo sino de un modo de articulación, una manera de describir un espacio de posibilidad, un desafío a la noción de binariedad, que pone en cuestión las categorías de masculino y femenino, ya sean éstas consideradas esenciales o construidas, biológicas o culturales. En una perspectiva similar se encuentra Judith Butler (1991), filósofa feminista que desde hace unos años viene estudiando los límites de la categoría de género y su relación con los grupos de diversidad sexual. Según esta autora, no se trata ya de hacer hincapié en estos grupos y ubicarlos en el lugar del tercer género sino de deconstruir el género mismo.

Cada una de estas polémicas –que serán presentadas más detalladamente a continuación– pone de manifiesto el actual desafío que el travestismo parece proponer a las relaciones establecidas entre diferencia sexual, representación de género y opción sexual.

El travestismo como expresión de un tercer género

Una gama muy amplia de estudios antropológicos ha investigado el travestismo a partir de una hipótesis que afirma que el travestismo debe ser interpretado como expresión de un tercer género. Por esta razón he creído pertinente revisar aquellas etnografías que, referidas a culturas no occidentales, o a la nuestra propia, adhieren a este paradigma interpretativo. En este sentido, ha sido de mucho interés a esta investigación el libro de Gilbert Herdt (1996), titulado *Third Sex, Third Gender. Beyond Sexual Dimorphism en Culture and History*, donde el autor compila un conjunto de artículos que discuten la viabilidad de la categoría tercer sexo o tercer género. La importancia de la obra reside no solamente en la aproximación conceptual que establece respecto a dicha categoría, sino también en las discusiones que presenta sobre las etnografías ocupadas en estudiar fenómenos que han sido tomados como explicación transcultural del travestismo.

En la introducción al libro citado, Herdt advierte sobre la necesidad de no confundir tercer sexo con orientación sexual hacia el mismo sexo[2]. Esta confusión, a juicio del autor, no es sino herencia dejada por los sexólogos y reformadores del siglo XIX y principios del XX: confusión retomada luego por estudiosos de otros campos que llevó a ver al travestismo como expresión institucionalizada de la homosexualidad y a igualarlo luego al tercer género. En otras palabras, la clasificación del travestismo como un tercer género se funda en la identificación de su orientación sexual como homosexual. En opinión de Herdt no hay por qué buscar una relación absoluta entre orientación sexual y tercer sexo o tercer género.

Pero entonces, ¿qué es el tercer género? A juicio de Herdt la necesidad de hablar de tercer género surge a partir de una reinterpretación del sexo y del género, diferente de aquella proveniente del campo de la sexología, tan ajustada al paradigma del dimorfismo sexual. Herdt señala que las categorías varón y mujer –basadas en criterios anatómicos– no son ni universales ni conceptos válidos para un sistema de clasificación de género. Las categorías de tercer sexo y tercer género impugnan el dimorfismo sexual. Es un intento orientado a comprender cómo, en determinados lugares y momentos históricos, la gente construye categorías no solamente sobre la base de un cuerpo natural sino también sobre la base de lo que Garfinkel (1967) llama "genitales culturales". Se trata de individuos que trascienden las categorías de varón/mujer, masculino/femenino. Estos individuos son agrupados en categorías ontológicas, identidades, tareas, roles, prácticas e instituciones divergentes que desbordan aquellas asociadas a uno u otro de dos tipos de personas; esto es, lo que la cultura occidental clasifica como dos sexos (varón y mujer) y dos géneros (masculino y femenino).

[2] Gert Hekma (1996) desarrolla la teoría del uranismo propuesta por Ulrichs, anterior a Hirschfeld, y su definición de la homosexualidad como tercer sexo.

Uno de los ejemplos más citados en la bibliografía orientada a defender la hipótesis de un tercer sexo o tercer género son los *berdache* de Norte América. *Berdache* fue originalmente un término árabe y persa que designaba a la persona más joven en una relación homosexual. Usado originalmente en Norte América desde el siglo XVII, el término no fue adoptado sino en el siglo XIX y ello solamente en el ámbito de los antropólogos/as norteamericanos/as. Documentado por Kroeber en los años cuarenta como el rol propio de aquellos individuos que supuestamente adoptaban papeles pasivos en la actividad homosexual y que se vestían como mujeres y actuaban como tales, el rol *berdache* será reevaluado en la década del setenta. Como resultado de una diversidad de contribuciones que se dan en esa década y en parte de la siguiente, entre ellas algunas provenientes del feminismo, se llega a un relativo consenso respecto a que los rasgos más destacados del *berdache* son tanto de carácter religioso y económico como relativos a una variación de género. En relación con este último rasgo, el uso de ropas del sexo contrario fue el marcador más común y visible, aun cuando gran número de observadores/as señaló que al tiempo que muchos *berdaches* vestían ropas del sexo opuesto, otros usaban prendas que no pertenecían ni a uno ni a otro sexo y algunos llevaban ropas del sexo opuesto sólo en determinadas ocasiones. Igual variación se observó con relación a la orientación sexual. Algunos tenían su pareja no *berdache* del mismo sexo, otros parecían ser heterosexuales y otros bisexuales.

Teniendo en cuenta esos atributos, una de las conceptualizaciones más extendidas del fenómeno de los *berdache* es la que los considera como un tercer género, como expresión de un paradigma de múltiples géneros, según fuera propuesto por Kay Martin y Bárbara Vorhies (1978)[3]. Estas antropólogas señalan que las diferencias sexuales físicas no necesitan ser percibidas como bipolares. En opinión de Roscoe (1996), quien retoma la sugerencia de analizar a los *berdache* en el marco de un

---

[3] Quien primero habla de paradigma múltiple de género es Blackwood (1984), para quien el rol *berdache* no es un rol desviado ni una mezcla de dos géneros, ni menos aún un salto de un género a otro. Es más bien un género separado dentro de un sistema de géneros múltiples.

modelo de múltiples géneros, existen evidencias que sostienen que el *estatus berdache* constituyó una categoría de género reconocida culturalmente como tal y que no puede ser explicada por un modelo dualista. Por un lado, dirá Roscoe, ¿cómo puede este modelo dar cuenta de aquellos atributos y conductas *berdache* que no implican travestirse ni tampoco imitar la conducta del sexo opuesto?, y ¿cómo puede explicar a aquellos individuos que combinaban propósitos masculinos, femeninos pero también otros específicamente *berdaches*? Por otro lado, el uso de distintos términos para referirse al *berdache* parece dar cuenta de una categoría separada. Los términos nativos usados para hablar del *berdache* eran "mujer/varón", "mujer vieja/varón viejo", términos que no guardan relación con las palabras "varón", "mujer".

Roscoe realiza una crítica al paradigma de los géneros binarios de la cultura occidental, partiendo de la presunción de que la misma no responde sino a fundamentos morales y naturalizantes. El estudio de las culturas no occidentales revela no sólo la variabilidad en los rasgos socioculturales de los roles sexuales, sino también la amplia variación en las creencias concernientes al cuerpo y a lo que constituye el sexo. Ahora bien, ¿qué significa que el género pueda ser múltiple y potencialmente autónomo del sexo?

Para Roscoe las categorías de género se basan a menudo en percepciones de las diferencias anatómicas y fisiológicas entre los cuerpos, pero estas percepciones están siempre mediatizadas por categorías y significaciones culturales. En otras palabras las categorías de género comunican expectativas sociales sobre las conductas, el parentesco, la sexualidad, las relaciones interpersonales e, incluso, sobre los roles religiosos y laborales. En este sentido, las categorías de género son un "fenómeno social total": al decir de Mauss, una gran diversidad de instituciones y creencias que encuentran su expresión a través de tales categorías.

Si esto es así, continúa Roscoe, no es necesario postular la existencia de tres o más sexos físicos para que tenga lugar la posibilidad de múltiples géneros. En un paradigma de género múltiple, los marcadores del sexo son vistos como no menos arbitrarios que las elaboraciones socioculturales del sexo en la forma de identidades de género y roles de género. No todas las culturas reconocen los mismos marcadores anatómicos y no todas perciben las marcas anatómicas como naturales y contrapuestas a un dominio distinto de lo cultural[4]. En muchos casos, conocer qué tipo de genitales posee un individuo es menos importante que conocer cómo están culturalmente construidos los cuerpos y qué rasgos y procesos particulares se consideran comprometidos con el sexo.

Roscoe ve en la propuesta de un paradigma múltiple de género la posibilidad de deconstruir el carácter jerarquizado que guarda el sexo con el género en un paradigma binario, en donde la anatomía tiene primacía sobre el género y en donde este género no es una categoría ontológicamente distinta sino una mera reiteración del sexo. Por otro lado, analizar el rol *berdache* simplemente como el cambio de un género por el otro es seguir aprisionados en un sistema heterosexista.

La diversidad de géneros no es un rasgo aislado de los nativos de Norte América sino un fenómeno a escala mundial, representado en la mayoría tanto de las culturas como de los períodos históricos de las sociedades occidentales.

Hilda Habychain (1995) hace propia esta expectativa de Roscoe al revisar los peligros a que conduce un paradigma de género binario. Aunque no realiza un estudio profundo sobre el travestismo, es en ocasión de los debates públicos suscitados en Argentina sobre el movimiento gay, lésbico, travesti, transexual y bisexual, que la socióloga nos advierte: la insistencia en que hay sólo dos géneros derivados de dos sexos da como resultado un sobredimensionamiento de la importancia de lo biológico hasta hacer de este dominio un elemento determinante de la sexualidad y del género. Se niega, además, la afirmación de que el género es una construcción socio-cultural y también la existencia de posibles combinaciones

---

[4] Por ejemplo, entre los *zuñi* el sexo de un niño requería una serie de intervenciones. Antes del nacimiento, los padres hacían ofrendas para influir en el sexo del feto en desarrollo. El sexo del infante no era fijado en el momento del nacimiento. Si una mujer tomaba una siesta durante el trabajo, por ejemplo, los *zuñi* creían que el sexo de su chico podía cambiar. Después del nacimiento, las intervenciones intentaban influir en el sexo físico. La comadrona masajeaba y manipulaba la cara, nariz, ojos y genitales del niño. Si el niño era varón, ella arrojaba agua sobre su pene para prevenir su desarrollo. Si el infante era niña, la comadrona partía una calabaza al medio y la frotaba sobre la vulva para alargarla.

o mezclas entre los componentes del género. Por otro lado, Habichayn encuentra en esa binariedad los motivos del rechazo y la intolerancia a que están sujetos travestis y transexuales en la sociedad argentina.

Anne Bolin es otra de las estudiosas que adhiere explícitamente al paradigma de géneros supernumerarios en dos de los trabajos revisados en esta ocasión. En su *Traversing Gender. Cultural Context and Gender Practices* (1996), organiza lo que llama expresión de variaciones de género, provenientes tanto de sociedades no occidentales como de la nuestra, en cinco categorías: géneros hermafroditas, tradiciones de los dos espíritus, roles transgenerizados, matrimonios mujer/varón y rituales transgénero. A través de esta tipología, Bolin defiende la necesidad de reparar en el carácter múltiple del género[5]. En otro trabajo, *Trascending and Transgendering: Male to Female Transexuals, Dichotomy and Diversity* (1996) señala que travestis, transexuales y, en general, la comunidad transgénero, convocan a la desestabilización del sistema de género, de los límites de la bipolaridad y de las oposiciones del esquema de género. Ellos expresan o sugieren un *continuum* de masculinidad y feminidad, una renuncia al género como aquello alineado con los genitales, el cuerpo, el rol social. El transgenerismo reitera la independencia de los rasgos de género corporizados en el modelo biocéntrico del sexo occidental.

Bolin realiza su trabajo de campo en la Sociedad Berdache, organización de base que agrupa a travestis y transexuales. Como resultado de sus investigaciones, ella da cuenta de las representaciones y auto representaciones de unos y otros en tanto que fenómenos no siempre coincidentes entre sí. Las transexuales se auto definen como mujeres atrapadas en cuerpos masculinos, como personas a quienes la naturaleza les ha hecho una "broma" que las intervenciones quirúrgicas deberán reparar. Las transexuales

---

[5] Dentro de los géneros hermafroditas, Bolin incorpora a los *nadle Navajos*, los *sererr Pokot* de Kenia, los *Hijras* de la India, los *Guevedoce* de Santo Domingo. Conforman la tradición de los dos espíritus, los *Pima* de EE.UU., los *Mahu* de Polinesia, los *Xanith* de *Oma*. Los *Piegan* del norte y los *Mako* de las Islas Marquesanas son considerados ejemplos de roles transgenerizados y los matrimonio mujer y matrimonio varón son ilustrados por medio de los *Nandi* y los *Azande*. Finalmente, Bolin presenta como ejemplo de rituales transgénero a los *Latmul* estudiados por G. Bateson.

ven a las travestis como varones en ropas femeninas; desde su punto de vista, la mayor diferencia con las travestis es el deseo de llegar a ser completamente naturales, esto es, llegar a ser mujeres creadas biológicamente cuya fisiología acuerde con su aparato cognitivo. Para las travestis varón a mujer, por su parte, las diferencias con las transexuales son de grado, no de clase. Ellas ven las variantes de género como más fluidas y plurales; no como identidades estáticas sino cambiantes y no unitarias, dependiendo cada singularidad de contextos familiares y sociales en general. En ocasiones, las motivaciones testimoniadas por las travestis son de orden erótico, en otras responden a la excitación y el deseo de aventura, en algunas el travestismo es presentado como una forma de atenuar el *stress* que implica actuar siempre el rol masculino.

Al tiempo que, para Bolin, la construcción social de las variaciones en las identidades de género (travestis y transexuales) reproduce el paradigma de género euro americano, esa misma construcción es también resistencia y rebelión contra el paradigma de género dominante. Desde el comienzo, la identidad transexual, por ejemplo, sostuvo el paradigma occidental fundado en la existencia de dos sexos opuestos y de conductas, temperamentos, emociones y orientaciones sexuales constituidas sobre la base de una polaridad biológica. Esta oposición está representada por los genitales, símbolos de las diferencias reproductivas y base para la asignación del sexo biológico. El paradigma occidental no contempla un lugar para aquellas mujeres sociales que tienen genitales masculinos. La cirugía transexual subraya los principios euro americanos de género: solamente hay dos sexos, determinados por los genitales e inviolables[6].

Ahora bien, Bolin sostiene que al tiempo que las transexuales encarnan la polarización de género con base en los genitales y el cuerpo, ellas también desafían la separación de la identidad de género y la orienta-

---

[6] La expresión más clara de cómo se articulan estos principios son las políticas seguidas con los transexuales luego de la intervención quirúrgica que les asigna otro sexo: pueden recibir otro documento de identidad, y en adelante se les reconocerá un nombre femenino. Si antes de la intervención el transexual estaba casado, deberá divorciarse, de lo contrario estaríamos ante un caso de lesbianismo, lo cual contraviene el nudo que articula los principios constitutivos del paradigma de género: la heterosexualidad.

ción sexual como categorías discretas, subvirtiendo así la vinculación de la feminidad y el erotismo heterosexual. Para la transexual varón a mujer, el erotismo heterosexual está definido por una atracción erótica hacia varones físicos, mientras una orientación erótica lesbiana es definida por la atracción hacia mujeres físicas. Si bien los testimonios sobre los que Bolin trabaja consideran frecuentemente la heterosexualidad como un atributo intrínseco y un rasgo definitorio del transexualismo, los datos que ella reúne en su investigación dan cuenta de una mayor diversidad en la preferencia sexual de las transexuales, lo que contradice el paradigma que iguala identidad de género y preferencia sexual.

En el lugar de la dicotomía travesti/transexual, el transgenerismo es, para Bolin, el término que mejor expresa continuidad, pluralidad en las variaciones de género identitarias. Este término agrupa a individuos diversos: travestis varones que llevan ropas "contrarias a su sexo", transexuales varón a mujer no operados y que, aun viviendo como mujeres todo el tiempo, eligen no operarse o no tomar hormonas ni andrógenos, personas que combinan géneros sin pretender pasar de uno a otro, transexuales operados/as, etc.

La emergencia de la transgeneridad enfatiza, de alguna manera, la valoración del género como producido socialmente y no dependiente de la biología, con lo cual se altera también la vinculación entre género y orientación sexual. La posibilidad de que existan mujeres sociales con pene erosiona la coherencia de la heterosexualidad y el género biológico. A través de diversos testimonios, Bolin impugna las reglas de construcción de la heterosexualidad como natural. En el paradigma occidental de género, la heterosexualidad opera como principio organizador central de la sexualidad, y la preferencia sexual existe sólo en relación con el género y la fisiología. La heterosexualidad es el componente más destacado de la expresión del género considerada como normal. Cuando la sexualidad ya no puede significar heterosexualidad porque la biología ya no significa género, la disyunción del sexo como reproducción queda fuera de juego y el paradigma de género es desestabilizado.

El transgénero abriga un gran potencial sea para desactivar al género o para crear en el futuro la posibilidad de géneros supernumerarios como categorías sociales que ya no estén basadas en la biología. La transexual varón a mujer orientada hacia la cirugía ha confirmado la independencia de la orientación sexual y la identidad de género a través de orientaciones lesbianas y bisexuales. El transgénero lo ha hecho disputando el concepto de consistencia entre orientación sexual y género. Si el paradigma según el cual hay dos géneros fundados sobre dos sexos biológicos predominó en la cultura occidental en el siglo XVIII, entonces quizás la próxima tarea sea deconstruir la historia social de un paradigma de tres géneros que empieza a advertirse en los años noventa.

En las investigaciones correspondientes a este período, el paradigma de los géneros múltiples, antes reservado al análisis de las culturas no occidentales, gana presencia en nuestras sociedades como marco para los debates sobre sexualidad, opción sexual e identidad de género. Los autores propuestos para ilustrar esta primera perspectiva, aun cuando, como en el caso de Roscoe, se centren en el análisis etnográfico de otros pueblos, impulsan dicho paradigma como un instrumento de interés para estudiar prácticas travestis actuales. La existencia de individuos que comparten determinadas propiedades –combinadas de forma no esperada– que los excluyen de las categorías varón o mujer, es un motivo central de dicho paradigma.

El sistema binario de género es impugnado por un desplazamiento entre sexo y género o entre género y orientación sexual, y la solución propuesta es la de géneros supernumerarios o géneros múltiples. El tercer género aparece aquí como el lugar para la construcción de múltiples identidades que recomponen dimensiones cuya vinculación se desnaturaliza y que, por lo mismo, pueden escapar a las normas socialmente impuestas. El travestismo, en este marco, no es sino un conjunto –en sí mismo heterogéneo– de las posibles identidades de género que se distribuyen en un *continuum*.

El trabajo de Bolin, sin embargo, partiendo de este marco, plantea una pregunta que parece trascenderlo. ¿Se trata sólo de repensar el género como categoría binaria abriendo un amplio espacio para la construcción –siempre conflictiva– de nuevas identidades genéricas? ¿O es la misma categoría de género la que debe ser cuestionada a partir de estas nuevas posibilidades identitarias?

El travestismo como reforzamiento de las identidades genéricas

Del conjunto de la literatura revisada sobre el travestismo en la cultura occidental, la antropóloga Victoria Barreda (1993) es una de las que más claramente problematiza la categoría de tercer género como otra posibilidad en la organización y representación del género, como un tercer estatus sexual[7]. La pregunta que se hace Barreda es si efectivamente podemos pensar en un género con absoluta prescindencia de la diferencia sexual. Teniendo esto presente y tomando como unidad de análisis un grupo de travestis en prostitución en la Ciudad de Buenos Aires, investiga los sentidos según los cuales dicho grupo construye su género. En otras palabras, Barreda busca saber cuáles son las representaciones e interpretaciones que el travestismo hace de lo femenino.

En su opinión, la construcción del género femenino que la travesti realiza consiste en un complejo proceso en el plano simbólico y físico, de adquisición de rasgos interpretados como femeninos. Como en un ritual de pasaje, primero se adoptan signos exteriores como el vestido y el maquillaje, luego se transforma el cuerpo a través de la inyección de siliconas o de intervenciones quirúrgicas que modelan senos, glúteos, caderas, piernas y rostro. Se construye así una nueva imagen acompañada de un nombre de mujer. Fiel a los estereotipos femeninos predominantes en nuestra sociedad, la representación femenina del travestismo prostibular estudiado por Barreda tendrá como contenidos la figura de la *madre* –como mujer procreadora– y la de la *puta* –como mujer fatal, seductora y provocativa–. Ahora bien, este imaginario de feminidad que refuerza el género femenino puede ser suplantado sin más al momento de ejercer la prostitución, situación en la cual el género masculino, según la interpretación de Barreda, puede ser recuperado en virtud del rol activo que a menudo desempeña la travesti en la relación sexual con el cliente.

[7] Victoria Barreda, amiga y colega, fue pionera en el estudio antropológico del travestismo en Argentina. Mis primeras lecturas sobre el tema fueron diversos artículos por ella escritos. Debo a esta autora la seducción que sus textos me produjeron y, aunque no siempre coincido con la postura en ellos asumida, me invitaron al debate y al desarrollo de esta investigación.

En un trabajo posterior (1995), la misma antropóloga introduce una dimensión más a su análisis: el cuerpo. Las conclusiones a las que arriba no difieren de las anteriores. Al tiempo que las travestis que estudia Barreda se definen como mujeres en lo que se refiere a actuación, reinvención y puesta en escena, hay, no obstante, un reconocimiento de parte de la mayoría de ellas de que "ser cuerpo" y "tener un cuerpo" no son la misma cosa. En general, el cuerpo se reduce a una suma de signos sin historia ni cualidades: simple volumen. No obstante, ese cuerpo travesti se denuncia e insiste en querer mostrar que sigue siendo varón. El componente anatómico no es olvidado y la masculinidad reaparece como experiencia vivida en la intimidad y en las prácticas sexuales que reconducen nuevamente a la travesti a definirse como varón. En el caso travesti, señala la antropóloga, el cuerpo se convierte en el lugar donde se debaten la separación y la inclusión de aquello considerado del orden de lo anatómico-fisiológico (lo natural) y aquello considerado del orden de la cultura. El travestismo interpreta, modela y experimenta su cuerpo como un texto que puede ser leído desde el género (femenino) o desde su sexo (varón).

En una dirección similar, aunque sin el propósito de discutir la categoría tercer género, ubico el trabajo de Hélio Silva (1993). A través de una investigación exploratoria de carácter etnográfico realizada en el barrio carioca de Lapa (Río de Janeiro, Brasil), el antropólogo establece un contrapunto entre la cultura o el imaginario social donde se inserta la travesti y las repercusiones de ese imaginario en la misma subjetividad travesti. Llevándonos de la mano por las diversas situaciones de vida que el investigador comparte con travestis, Silva se inclina en ver en este grupo denodados esfuerzos por "parecer mujeres". A diferencia de las transformistas y transexuales, travestis son aquéllas que toman hormonas o llevan siliconas.

Es en la propia vida cotidiana que la travesti se impregna de todo un sintagma femenino, ocultando los signos que delatan su pertenencia al sexo opuesto. La travesti se levanta por encima de su condición biológica y asume tareas y roles para cuya plena consecución, dirá Silva, debe conducir sus características biológicas al punto cero. Sin tregua, todo debe ser femeninamente investido. Una especie de combate contra la masculinidad atraviesa la vida de toda travesti. En la producción de sí mismas, ninguna de ellas llega a sentirse "feliz propietaria" de un cuerpo; el cuerpo es encarado como una vestimenta y, como tal, es susceptible de ser corregido. Aflora así una naturaleza femenina, diferente de aquella que se desenvuelve naturalmente según los ritmos, fases y ciclos naturales. La naturaleza femenina de la travesti gana cuerpo, se consolida, combatiendo a todo aquello que sea rastro del varón subyacente.

Según lo registra Silva, la opción travesti será más eficaz cuanto más tempranamente sea reconocida por los sujetos. La iniciación en la adolescencia es elogiada como una suerte de manera sofisticada de reintroducirse en el dominio de la naturaleza. En un permanente diálogo con la sociedad, la constitución de la identidad travesti implica, entonces, un aprendizaje del vestido, de los gestos, de las posturas, de las maneras de caminar, que son puestos a prueba y chequeados en función de las señales que la sociedad emite y, finalmente, incorporados por las propias actores sociales a sus personajes.

En su *Travestism and the Politics of Gender*, Woodhouse (1989) analiza el travestismo en términos que podemos situar entre las perspectivas que lo consideran como un reforzamiento de las identidades de género, en este caso, la identidad femenina. En opinión de Woodhouse el travestismo ilustra los procesos de construcción del género. Partiendo del supuesto de que la masculinidad en nuestra sociedad es algo que debe ser alcanzado por todos los varones, aquéllos que no lo logran, como las travestis, son situados en el espacio depreciado de lo afeminado. Esta es la razón por la que la autora piensa que las travestis son consideradas en todas las ocasiones como homosexuales; después de todo, dirá, un varón afeminado no puede ser heterosexual.

El travestismo incluye cambios de roles e identidad, no solamente de lo masculino y lo femenino, sino también de la realidad y la fantasía. En muchos sentidos es, en sí mismo, una fantasía, un medio de proyección de un modo de ser diferente, una práctica que resulta en la construcción de una imagen de sí mismo al estilo de las mujeres. La travesti adopta otro nombre, otra forma de hablar, puede comportarse muy diferentemente a su yo masculino. Ellas dicen conocer lo que es una mujer real, provocando a veces con ello la irritación de las transexuales. No obstante, dirá Woodhouse, esto es falso por dos razones. Primero, las travestis ven al género como algo que está rígidamente demarcado y excluyente: masculinidad y feminidad y, en este sentido, el travestismo refleja los roles de género tradicionales, auto excluyentes entre sí. Un varón no puede comprometerse en conductas no masculinas si antes no disfraza su masculinidad y la cubre con una apariencia femenina. La segunda razón nos devuelve a la cuestión de la fantasía. ¿Qué crea una travesti cuando se traviste? A través de la travestización crea una mujer artificial y, al hacerlo, reemplaza una realidad actual con una realidad sintética. El travestismo consta de una "díada sintética" en la que su creación, su yo femenino, responde a los deseos de su yo masculino. Sustituye así, según Woodhouse, relaciones humanas reales por relaciones sexuales sintéticas.

A la pregunta ¿por qué son los varones quienes mayoritariamente crean este tipo de figura fantasiosa?, Woodhouse responde con argumentos vinculados a los procesos de socialización de mujeres y varones y a las políticas de género en ellos comprometidas. Los niños son educados para abrazar la masculinidad y provocan la consternación social y paterna cuando exhiben signos que amenazan desviarlos de esa ruta. Esto arroja alguna luz sobre una paradoja atribuida al travestismo. Como resultado de la socialización que reciben desde niños, los varones aprenden a servirse de la imagen femenina a los fines de la satisfacción sexual, la relajación y el placer. Si los modos patriarcales establecen que una mujer, aun cuando adscriba a rasgos tradicionalmente masculinos, no deja por ello de ser mujer, el varón cuya conducta no coincida con los parámetros clásicos de la masculinidad será, en cambio, forzosamente afeminado y homosexual. La construcción de la sexualidad no asocia las ropas masculinas al erotismo. A diferencia de la masculinidad, la construcción de la feminidad no implica una identidad de género tan inflexible como para rechazar la incorporación de conductas tradicionalmente asociadas con el sexo opuesto, precisamente porque la masculinidad es definida como superior. En estas cuestiones, dice

Woodhouse, reside el hecho de que el travestismo sea un fenómeno reservado a los varones.

Finalmente, la autora del artículo plantea que el travestismo reproduce las divisiones de género, por cuanto se basa en imágenes de la mujer que han sido usadas para objetivarla y oprimirla. La travesti usa esto
como fantasía para su propio placer, siempre reteniendo la facilidad para
volver al estatus primero de la masculinidad.

Junto a estos/as investigadores/as situamos a Richard Ekins (1998) y
su trabajo "Sobre el varón feminizante: una aproximación de la teoría
razonada sobre el hecho de vestirse de mujer y el cambio de sexo", donde
el travestismo es caracterizado como un proceso de deslizamiento gradual
de un género a otro. El artículo presenta los resultados de una investigación llevada a cabo a lo largo de once años con travestis y transexuales en
Inglaterra. Tras una exhaustiva crítica a distintos modelos teóricos usados
para estudiar el travestismo, el autor acude a la "teoría razonada" y repara
especialmente en las propias vivencias que los actores sociales tienen en su
trabajo, familia, entorno médico, organizaciones[8].

Ekins crea la categoría de "varón feminizante", o varones que quieren feminizarse (de diversas maneras, en diferentes contextos, en distintos momentos, etapas y con diversas consecuencias). Distingue tres formas
fundamentales de feminización: el cuerpo feminizante, la erótica feminizante y el género feminizante[9].

---

[8] La "teoría razonada" sigue la metodología básica de autores tales como Glaser,
Bigus, Haden y Strauss. Sin ánimo de entrar por ahora en una polémica teórico-metodo-
lógica, quiero resaltar algunas de las críticas hechas por Elkin a las perspectivas usadas
para estudiar el travestismo. El autor señala que la mayoría de estas perspectivas siguen el
modelo médico, orientado a la clasificación, diagnóstico y teorización a partir de la reco-
lección de datos biográficos y psicológicos. Critica también aquellos enfoques sociológi-
cos que eligen variables descontextualizadas y responden a los presupuestos del investigador;
parten de un paradigma sociológico del que deducen hipótesis formales para luego com-
probarlas. Señala los problemas que aquejan a la tradición crítica, dentro de la que ubica
a aquellos autores que ven al travestismo como usurpación de la feminidad o, en el otro
extremo, a quienes lo entienden como expresión suprema de subversión.

[9] El *cuerpo feminizante* focaliza en los deseos y prácticas de los feminizados por
feminizar sus cuerpos. Estos pueden incluir cambios deseados, efectivos o simulados,
tanto de las características primarias como secundarias del sexo. Así, un nivel implica-

El travestismo será siempre, para Ekins, una *feminización de género*, la cual puede implicar o no una *feminización erótica*. El varón feminizante que define encuentros eróticos homosexuales como heterosexuales, o encuentros heterosexuales como lésbicos, por ejemplo, está a menudo dotando de género a su sexualidad –puede incluso estar ejerciendo la erótica feminizante, de la misma manera que intenta masturbarse según lo que para él es una forma femenina–. A su vez, ambas feminizaciones, la de género y la erótica, pueden o no implicar una feminización corporal.

Sobre la base de las formas fundamentales de feminización ya nombradas, Ekins señala cinco fases del proceso típico ideal de varón feminizante, orientadas hacia la consolidación definitiva de lo femenino. La "fase 1", que llama "el comienzo de la feminización", se inicia con un episodio en el que el individuo se viste de mujer; episodio del que, según el autor, el sujeto puede tener diversos grados de conciencia. Con frecuencia se lo vive como un episodio adverso cuyos significados son incompletos. En términos de interrelaciones entre sexo, sexualidad y género, la principal característica de esta fase es la indiferenciación, el hecho de que por tratarse de algo adverso se intenta dejar el episodio de lado, no

---

ría el cambio cromosomático (no posible aún), gonadal, hormonal, morfológico y neurológico; y otro nivel el cambio de vello facial, corporal, o craneal, de las cuerdas vocales, de la configuración del esqueleto y de la musculatura. La *erótica feminizante* hace referencia a aquel tipo de feminización que tiene como intención o como efecto despertar el deseo sexual o la excitación. Cubre un amplio rango de acciones que van desde aquel varón feminizante que experimenta lo que percibe como un orgasmo múltiple femenino, a aquel otro en el que se despierta un erotismo ocasional al mirar una revista femenina en un kiosco. El *género feminizante* repara en las múltiples maneras en que los varones feminizantes adoptan la conducta, las emociones y la cognición que socio-culturalmente se asocian con el hecho de ser mujer. El género feminizante no está necesariamente relacionado a la erótica feminizante. El arco de posibilidades es también muy amplio: están quienes adoptan la identidad de género femenina a tiempo completo, pero que no quieren operarse, no tienen vida sexual, y trabajan en ocupaciones típicamente femeninas; también aquellos varones feminizantes que llevan una vida satisfactoria como varón y que periódicamente se visten de mujer pero no adoptan amaneramientos femeninos; en el medio, entre ambos, están quienes se complacen con actuar según un rol estereotipado femenino. A juicio de Ekins, las combinaciones para el género feminizante son infinitas.

tomarlo en serio y considerarlo algo sin mayores consecuencias. La indiferenciación también es resultado del hecho de no disponer de recursos conceptuales. En lo que respecta a las relaciones entre la constitución del yo y el mundo como algo sexuado, sexualizado y asociado a un género, tras el incidente el sujeto puede volver a la normalidad sin demasiados obstáculos.

En la "fase 2", denominada "fantasear sobre la feminización", el interés recae en la elaboración de fantasías que se relacionan con la feminización. En cuanto a sexo, sexualidad y género, y sus interrelaciones, se da un gran número de posibilidades. En algunos casos, pueden existir fantasías nada ambiguas de ser una chica o una mujer (se fantasea sobre la feminización corporal); en otros, las fantasías sobre la feminización apuntan más hacia el género (no se manifiestan fantasías sobre la morfología masculina o femenina, hay más bien fantasías románticas como vestidos de ensueño, juegos de muñecas). Finalmente, existe también la posibilidad de que se acentúe la fantasía masturbatoria basada en vestirse de mujer. Puede, por tanto, tener una esencia corporal, genérica o erótico/sexual. En lo que respecta a las relaciones entre constitución del yo y el mundo como algo sexuado, sexualizado y asociado a un género, deben hacerse algunas consideraciones. En el caso de la fantasía erótica feminizadora los objetos que se asocian a un género van siendo dotados de un afecto cada vez mayor, para formar eventualmente el material de fantasías masturbatorias posteriores. En lo que afecta al yo y el mundo, el varón que feminiza su cuerpo puede llegar a experimentar una preocupación tal por sus fantasías, que el concepto de sí mismo como varón comienza a quedar seriamente amenazado; en cuanto a los feminizados de género, este proceso se cumple de manera aún más fantasiosa. Lo que se encuentra, en general, es una construcción dual del mundo (entre lo normal y la feminización).

La "fase 3", "realizar la feminización", conlleva el vestirse de mujer de manera más metódica y llevar al acto aspectos de las fantasías sobre la feminización corporal. Quien feminiza su cuerpo puede depilarse periódicamente, trucarse los genitales y elaborar una imitación de la vulva. Aquél que feminiza su género puede ir formando colecciones privadas de ropa y utilizar maquillajes, joyas y demás accesorios. Todo ello puede ser usado para elaborar rutinas de masturbación (la erótica feminizante) que pueden hacerse más prolongadas. En cuanto a sexo, sexualidad, género y sus interrelaciones, es como si el varón feminizante estuviera desarrollando determinados hábitos sin saber realmente lo que está haciendo. Lo más frecuente es que el varón feminizante no esté seguro de las diferencias o no sepa en qué lugar concreto del espectro situarse a sí mismo. Con referencia a las relaciones yo y mundo como algo sexuado, sexualizado y de género, es probable que el sujeto atraviese aquí el período de mayor confusión y vacilación personal. Hay una marcada tendencia a buscar una explicación de lo que le pasa.

A medida que aumentan las experiencias y actividades de feminización, muchos varones feminizantes se ven impelidos a explicarse a sí mismos, a encontrar el sentido de sí mismos y a sus actividades y a hallar un lugar en el que su feminización encaje con el resto de su vida. En este momento, que Ekins llama "fase 4" o "constituir la feminización", una posibilidad es la búsqueda de la "cura". Los significados empiezan a cristalizar en etiquetas o nomenclaturas particulares, y pueden entonces ordenarse de manera tal que el varón feminizante alcance a comprender quién es y qué significan para él los objetos como algo sexuado, sexualizado y relacionado con el género de diversas maneras. La identidad anterior suele ser reinterpretada a la luz de la condición recientemente descubierta.

En la última de las fases, "fase 5", "consolidar la feminización", se establece la constitución más firme del yo y el mundo de la feminización. La consolidación puede estar centrada en la feminización corpórea, en la erótica o en la genérica. En cuanto a la feminización corpórea es probable que la persona se involucre en programas apropiados para llevar a cabo la feminización del cuerpo. Si está centrada en una feminización genérica, la persona desarrollará su estilo personal de forma muy similar a como lo habría hecho una muchacha genérica, sólo que más tarde y con más prisa. En cuanto a la sexualidad, a medida que prosiga su tratamiento hormonal, el sujeto perderá la sexualidad masculina que aún le restara, en un proceso que consiste en desexualizar su antigua sexualidad a la vez que se construye un nuevo sexo y una nueva sexualidad.

El travestismo como género performativo

La tercera hipótesis que me propongo considerar asume una perspectiva deconstructivista: entiende que los intentos de analizar el travestismo como perteneciente a uno u otro género son reduccionistas y se derivan de una confusión sobre las relaciones entre género y sexo, género y sexualidad. Es esta confusión la que conduce a concebir las identidades genéricas de un modo que, precisamente, el travestismo parece cuestionar. Esta perspectiva da un paso más en relación con aquella que propone un paradigma múltiple de género. Como éste, afirma que el travestismo es un desafío a la noción de binariedad y pone en cuestión las categorías de masculino y femenino; pero lejos de ser su propuesta la de géneros supernumerarios o géneros múltiples, lo que hace es buscar la deconstrucción de la categoría misma de género.

Cuando el concepto de género ingresa al dominio feminista, lo hace poniendo en cuestión la idea de lo "natural": a partir de allí, será la simbolización cultural y no la biología la que establezca las prescripciones relativas a lo que es propio de cada sexo. Si el concepto de sexo reunía en el análisis de las diferencias entre varones y mujeres no sólo aquéllas de tipo anatómico, hormonal, fisiológico, sino también las comportamentales, la categoría de género propondrá entender estas diferencias como el resultado de la producción de normas culturales sobre el comportamiento de varones y mujeres, pasando a su vez por la compleja interacción con instituciones sociales, políticas, económicas y religiosas. La generización de las identidades de varones y mujeres transforma las diferencias biológicas en relaciones de subordinación y dominación que penetran en los cuerpos y organizan la reproducción de las sociedades.

La diferenciación entre sexo y género sirvió para cuestionar la fórmula "biología es destino". Esta fórmula ataba a las mujeres a un conjunto de atributos y mecanismos de subordinación legitimados mediante la fuerza de un discurso naturalizante. ¿Qué sentido puede tener, para alguien más o menos sensato, rebelarse contra las fuerzas de la naturaleza, contra el silencioso dictamen de la anatomía, los cromosomas y la actividad hormonal? Si la subordinación de las mujeres, el dominio que otros ejercen sobre sus cuerpos, la regulación de su sexualidad y la organización del "uso de sus placeres" estuvieran efectivamente inscriptos en una supuesta e incuestionable base biológica, no existiría margen para el surgimiento de prácticas y movimientos de liberación en estos terrenos. La distinción entre sexo y género, la consideración del género como el significado cultural que el cuerpo sexuado asume en un momento dado, permitió construir un escenario de lucha teórica y política en el que las feministas se alistaron sin vacilar. Ahora bien, esta clara ganancia ¿no paga el precio de una naturalización de lo sexual como categoría biológica originaria, pre-discursiva?

Sobre la base de preguntas como ésta, Teresa de Lauretis (1989), apoyada en la noción de materialidad de Michel Foucault, describe la construcción de la identidad femenina como un complejo proceso simbólico y material. El género es para esta autora un complejo mecanismo —una tecnología— que define al sujeto como masculino o femenino en un proceso de normalización y regulación orientado a producir el ser humano esperado, construyendo así las mismas categorías que se propone explicar. De Lauretis argumenta que el género, en tanto que proceso de construcción del sujeto, elabora categorías como varón, mujer, heterosexual, homosexual, pervertido, etc., y se intersecta con otras variables normativas tales como raza y clase, para producir un sistema de poder que construye socialmente a los sujetos "normales". Como reacción frente a ello, De Lauretis exhorta a la desestabilización de la normatividad de las formas dominantes de la identidad sexuada y a la búsqueda de nuevas definiciones del sujeto femenino.

De mayor radicalidad es la pregunta que introduce Judith Butler en su influyente libro, *Gender Trouble: Feminism and the Subversion of Identity* (1990): ¿No se inscribe la noción de género en el mismo régimen de discurso al que pretende contestar? Según Butler, las relaciones entre sexo y género en la conceptualización feminista se encuentran demasiado sobredeterminadas por el par naturaleza/cultura, demasiado pegadas al modelo jurídico del discurso productor de los cuerpos sexuados. Fiel a su formación foucaultiana, Butler afirma:

El género no debería ser concebido meramente como la inscripción cultural del significado sobre un sexo dado (una concepción jurídica); el género debe también designar el mismo aparato de producción mediante el cual los mismos sexos son establecidos (Butler, 1990:7).

Si el sexo es un producto cultural en la misma medida en que lo es el género, o si el sexo es siempre un sexo generizado, la distinción entre uno y otro resulta no ser una distinción en absoluto. No tiene sentido definir al género como interpretación cultural del sexo si el sexo mismo es una categoría ya generizada.

Aunque por un camino diferente al de Butler, también Thomas Laqueur (1994) sostiene que el sexo —la diferencia sexual fisiológica y anatómica— es siempre un efecto de los acuerdos de género de la sociedad. El género, como estructura social que designa el lugar propio de los sujetos a lo largo del eje de diferenciación, determina las percepciones del cuerpo como sexuado, determina aquello que cuenta como sexo. Mientras Laqueur fundamenta su argumento a través de un análisis de la historia del modelo unisexual del cuerpo y su transformación en un modelo de dos sexos a través de los siglos, Butler elabora un argumento similar de un modo deconstructivo: el sexo, dice, no puede ser pensado como anterior al género si el género es la ley necesaria para pensar el sexo.

Si el género femenino procede del sexo mujer y el género masculino del sexo varón, estamos suponiendo que las categorías de sexo y género guardan una relación mimética tal (dos sexos, dos géneros) que la diferenciación entre ambas carece de sentido. A la inversa, si el género, por ser construcción cultural del sexo, es independiente de éste, debería admitirse entonces que masculino puede bien designar un cuerpo de mujer y femenino un cuerpo de varón.

En razón de esto es que Butler propone indagar las raíces mismas del ocultamiento de la operación discursiva que, inscripta en la misma categoría de género, produce la naturalización del sexo como algo ya dado previamente en todo discurso[10]. Para ella, el sexo como naturaleza

[10] Bernice Hausman lo hace examinando en qué medida la emergencia del transexualismo ha contribuido y producido una relación dinámica entre sexo y género. En

es solamente el naturalizado *a priori* que el género proyecta como su requisito anterior. En otras palabras, el género es el medio discursivo/cultural mediante el cual la naturaleza sexuada o el sexo natural se produce y establece como prediscursivo, anterior a la cultura, es decir como una superficie políticamente neutra sobre la que la cultura actúa. El sexo es una idea mediatizada por aquello que se hace pasar como su efecto secundario: el género. La identidad de género no es un rasgo descriptivo de la experiencia sino un ideal regulatorio, normativo; como tal, opera produciendo sujetos que se ajustan a sus requerimientos para armonizar sexo, género y sexualidad, y excluyendo a aquéllos para quienes esas categorías están desordenadas.

A diferencia de Teresa de Lauretis, Butler insiste en que más que construir nuestras propias versiones del género, es preciso desarrollar una estrategia para desnaturalizar los cuerpos y resignificar las categorías corporales. La identidad de género no es más que el conjunto de actos, gestos y deseos que producen el efecto de un núcleo interno, pero nunca revelan el principio de organización de la identidad. Dichos actos, sostiene Butler, son performativos en el sentido de que la esencia o la identidad que ellos se proponen expresar son fabricaciones manufacturadas y mantenidas a través de signos corporales y de otros medios discursivos[11]. Que el cuerpo generizado sea performativo implica que no tiene un estatus ontológico

---

su libro *Changing Sex. Transexualism, Technology and the Idea of Gender* (1995) se vale de un análisis teórico de la producción histórica del término género para dilucidar la relación entre un fenómeno particular –el transexualismo–, el progreso tecnológico y la necesidad de una subjetividad culturalmente coherente.

[11] Performatividad de género no es, como muchas veces se ha interpretado, teatralidad; a diferencia del rol teatral, el género no es elegido. Butler se ha expresado muy cuidadosamente contra cualquier idea de género como algo que puede ser elegido a gusto. De hecho, la noción de performatividad de Butler no deriva del esquema de Goffman de identidad como rol sino de la teoría de los actos de habla de Austin, deconstruida por Derrida. En *Cuerpos que importan* (1993), Butler sustituye performatividad por *citacionalidad*. Como una ley que requiere ser citada, el sexo llega a ser efectivo a través de nuestras citas de él. Con este cambio, la reconfiguración del sexo como ley citacional tiene el fin de descarrilar al género como teatralidad libre y arrojar luz sobre cómo el género es impuesto a través de prohibiciones simbólicas.

fuera de los numerosos actos que constituyen su realidad. En otras palabras, actos y gestos, deseos articulados y representados, crean la ilusión de un núcleo interno y organizador del género, una ilusión discursivamente mantenida para el propósito de la regulación de la sexualidad dentro del marco obligatorio de la heterosexualidad reproductiva.

La matriz de inteligibilidad que permite establecer toda identidad genérica, requiere que no puedan existir ciertos tipos de identidades, como aquéllas en las que el género no se deriva del sexo y en las que las prácticas del deseo no se derivan ni del sexo ni del género. Una norma de inteligibilidad cultural es la norma heterosexual; la heterosexualización del deseo instituye la producción de oposiciones asimétricas y excluyentes entre lo femenino y lo masculino, que se entienden como atributos expresivos del varón y de la mujer.

Butler propone el redespliegue de las *performances* de género —aquellas conductas y actividades que producen el género en la vida diaria y construyen como varones y mujeres a los sujetos implicados en ellas— a través de repeticiones paródicas que pongan en evidencia el carácter *performativo* (como opuesto a *expresivo*) del género. Estas repeticiones desestabilizarían, en su opinión, las nociones recibidas sobre la naturalidad del género como el núcleo de la identidad, iluminando al mismo tiempo la relación artificial del género con los cuerpos y las sexualidades.

El travestismo parece integrar ese colectivo de sujetos con categorías desordenadas, formar parte del conjunto de espectros prohibidos por las mismas leyes que producen géneros inteligibles; esto es, aquellos géneros que instituyen y mantienen de alguna manera las relaciones de coherencia y contigüidad entre sexo, género, práctica sexual y deseo. Como el *drag* para Butler, las travestis parecen ser un ejemplo de la repetición paródica del género en orden a subvertir sus significados en la cultura contemporánea[12], parecen denunciar, a través de sus auto-representacio-

---

[12] Según Marjorie Garber (1992) este carácter performativo del género no sería exclusivo de las/los travestis. A partir del análisis de revistas dirigidas a travestis señala que los consejos prácticos contenidos en ellas no difieren de aquéllos que encontramos en otras revistas femeninas. Recomendaciones tales como el tipo de vestimenta a utilizar según la contextura física, maneras de maquillarse y peinarse, cirugías plásticas, etc., se

nes, el hecho de que, en realidad, el género no es otra cosa que la construcción mimética del sexo. Como en el travestismo esta mimesis no se da, la travesti es, en términos de Butler, un "abyecto".

También puede alinearse en esta tercera hipótesis Pedro Lemebel (1997), escritor y artista chileno, para quien la travesti no pasa a ser mujer sino que se configura como aquello que desborda el referente. Las mujeres se presentan en la definición de lo masculino como todo aquello que los hombres quieren no ser para no poner en peligro su fijeza identitaria; la virilidad aparece así como una suerte de atuendo invisible. La travesti, entonces, ingresa en el pacto masculino para delatarlo, quebrarlo. Aparece, siguiendo la argumentación de Lemebel, como una suerte de cuña que promueve un abanico de fisuras en el interior del sistema, es decir, como una estrategia de torsión y de hacer pasar "gato por liebre". El gesto travesti desinstala el pensamiento entendido como categorial, dicotomizado, para instalar un orden de discurso que se asienta en la escenificación de imágenes y de representaciones. La figura de la travesti y la reflexión que en torno a ella se desarrolla, permiten la ruptura con los estereotipos y nos sitúan ante la pregunta: ¿Es posible pensar lo masculino y lo femenino sin las categorías a partir de las cuales convencionalmente se han pensado?

Por otro lado, el travestismo va en contra de la biología como fuente identitaria irreductible, la dicotomía cuerpo/género se subvierte, la travesti "interviene" su cuerpo y en el acto de subvertir el origen mediante el disfraz y la parodia lo que está haciendo es recuperar su cuerpo como ser en el mundo. Desde esta perspectiva es posible aseverar que en el gesto del travesti existiría también una actitud política, en la medida en que en la exageración se atreve a mostrar esos deseos como un acto irreverente. La consecuencia de ello es que las identidades masculino/femenino estallan en la diversidad, con lo que se amplía la gama de posibilidades. Desde

---

presentan en unas y otras revistas de manera semejante. En este sentido, afirma la autora, las revistas destinadas a travestis llegan a ser la mejor forma de crítica social de cierto modelo de feminidad, ya que ponen de manifiesto hasta qué punto todas las mujeres se travisten como mujeres cuando se producen a sí mismas como artefactos.

aquí es posible interrogar, finalmente, la identidad de género de la sujeto travesti: ¿Hay en el travestismo un tratamiento del género? ¿La travesti,
tiene género o es un de-generado? Según Lemebel el travestismo no representa una tercera posibilidad de género sino que constituye más bien
un permanente estallido.

Marisol Facuse (1998) se refiere, en un trabajo reciente sobre el travestismo prostibular en Concepción (Chile), a una "des-identidad" o una identidad que, por nomádica y tránsfuga, transgrede los órdenes políticos y
simbólicos. El travestismo se constituye, para la autora, en pliegues de
la simbólica convencional en la que se originan las identidades de género
masculino/femenino. El travestismo viene a romper la irreversible sujeción
de los cuerpos al orden biológico, pudiendo entonces reconocerse como
una identidad que, al decir de Guattari, es más molecular. Facuse ve en
el travestismo una subjetividad marginal subversiva que provoca desórdenes y siembra el conflicto en las definiciones de identidad aceptadas convencionalmente por la cultura dominante. El travestismo es una transgresión
del orden simbólico, estético, de género, cultural, político.

A través del análisis de cinco historias de vida, Facuse caracteriza la
transgresión travesti en dos sentidos. Por un lado, la travesti deconstruye
la noción de género tributaria de una racionalidad bipolar que separa las
identidades masculino/femenino según límites rígidamente demarcados.
La travesti se ubica, apelando a una subjetividad nomádica, en permanente tránsito entre las molaridades hombre/mujer[13]. Por otro lado, la travesti
interpela la propia noción de identidad del conjunto de los discursos dominantes, toda vez que desanuda la fórmula "biología es destino".

---

[13] La filósofa feminista Rosi Braidotti (1994) desarrolla lo que llama proyecto
epistemológico del nomadismo, en el que presenta al sujeto nómada como un estilo
figurativo, una ficción política que permite pensar a través, y más allá, de las categorías
establecidas. El nomadismo es un tipo de conciencia crítica que se resiste al asenta-
miento en las maneras codificadas socialmente de pensamiento y de conducta. Se trata
de un "como si", una práctica acompañada de la repetición y la parodia, una imagen
performativa, en el sentido de Butler. El sujeto nomádico de Braidotti, quien no se
ocupa especialmente de las travestis, está emparentado al concepto de contramemoria
de Foucault, es una forma de resistencia a la asimilación y la homologación a los modos dominantes de representación del yo.

Un aspecto interesante del trabajo de Facuse reside en presentar las contradicciones del discurso travesti en cuanto a la auto-adscripción de género. En algunos casos ese discurso busca un mayor acuerdo con los modos convencionales de producir identidad: la identidad travesti, como mujer con sexo errático, ha sido dada por la naturaleza, ella actualiza un destino que venía escrito en su género, si bien no en su cuerpo. En otros casos, la identidad genérica no guarda relación alguna con el orden natural; ser travesti es más bien una forma de vida que una identidad atada a un origen. Si existe una fuerte inscripción patriarcal en el discurso travesti referido a la identidad, inscripción que también Facuse encuentra con referencia al comportamiento sexual, ello reside en la participación del travestismo en la noción dominante de género.

Segunda parte

La voz de las travestis

He nacido en Madrid, en el año 1880. Siempre me he creído mujer, y por eso uso vestido de mujer. Me casé en Sevilla y tuve dos hijos. El varón tiene 16 años y sigue la carrera militar en París. La niña tiene 15 y se educa en el Sacré-Coeur de Buenos Aires. Son muy bonitos, parecidos a su papá. Mi esposo ha muerto y soy viuda. A veces quiero morir, cuando me acuerdo de él. Buscaría los fósforos o el carbón para matarme, pero esos suicidios me parecen propios de gente baja. Como me gustan las flores, me parece que sería delicioso morir asfixiada por perfumes. En otras ocasiones me gustaría tomar el hábito de monja carmelita, porque soy devota de Santa Teresa de Jesús, lo mismo que todas las mujeres aristocráticas. Pero como no soy capaz de renunciar a los placeres del mundo, me quedo en mi casa a trabajar, haciendo costuras y bordados para dar a los pobres. Soy una mujer que me gusta mucho el placer y por eso lo acepto bajo todas sus fases. Algunos dicen que por todo esto soy muy viciosa, pero yo les he escrito el siguiente verso, y se lo digo siempre a todos:

> *Del Buen Retiro a la Alameda*
> *los gustos locos me vengo a hacer.*
> *Muchachos míos ténganlo tieso*
> *que con la mano gusto os daré.*

> *Con piragüitas y cascabeles*
> *y hasta con guante yo os las haré,*
> *y si tú quieres, chinito mío,*
> *por darte gusto la embocaré.*

Si con la boca yo te incomodo
y por la espalda me quieres dar,
no tengas miedo, chinito mío,
no tengo pliegues ya por detrás.

Si con la boca yo te incomodo
y por atrás me quieres amar,
no tengas miedo, chinito mío,
que pronto mucho vas a gozar.

He estado en París, donde bailé en los cafés-conciertos dándole envidia a otra mujer que usa mi mismo nombre para pasar por mí. Muchos hombres jóvenes suelen ser descorteses conmigo. Pero ha de ser de ganas de estar conmigo, y ¿por qué no lo consiguen? Porque no puedo atender a todos mis adoradores. No quiero tener más hijos, pues me han hecho sufrir mucho los dolores de parto, aunque me asistieron mis amigas "Magda" y "Lucía", que no entienden de parto, porque nunca han estado embarazadas, porque están enfermas de los ovarios. Me subyuga pasear por Palermo, porque el pasto es más estimulante para el amor que la mullida cama. Esta es mi historia, y tengo el honor de regalarle al doctor Veyga algunos retratos con mi dedicatoria.

La Bella Otero, "Autobiografía", 1903

Notas para escucharlas

He tratado de situar históricamente al travestismo y he pasado revista a los trabajos más importantes que lo han abordado desde enfoques diferentes. En los próximos capítulos indagaré la forma en que el grupo define su identidad de género, no sin antes presentar algunas notas metodológicas que explican el camino escogido a tal fin.

La primera decisión tomada al momento de realizar el estudio que estuvo en el origen de este libro, fue evitar el riesgo de tratar al travestismo como un objeto preconstruido, como una entidad ya conocida, caracterizada a partir de un conjunto de propiedades que la identifican, a ser confirmadas a lo largo del proceso de investigación. El travestismo, su identidad de género, por el contrario, es considerado un resultado de dicho proceso y no su punto de partida. Lo que me interesó entonces fue conocer el camino hacia la constitución de la identidad de las travestis y no agregar ni quitar predicados a un hipotético grupo ya definido. Para ello fue imprescindible situar a las travestis en el espacio social de relaciones en el que construyen sus identidades. La noción de *espacio social* tal como la propone Bourdieu, me permitió abordar el proceso de construcción de identidad en términos relacionales[1]. Seleccioné así dos grandes bloques que, aunque relacionados, pueden distinguirse a los fines analíticos. Por un lado, las prácticas y representaciones que el travestismo organizado se auto asigna en un orden de sus vidas que puede llamarse cotidiano: la familia, la prostitución y el cuerpo.

---

[1] En sus propias palabras: "Los seres aparentes, directamente visibles, trátese de individuos o grupos, existen y subsisten en y por la diferencia, es decir en tanto que ocupan posiciones relativas en un espacio de relaciones que, aunque invisible y siempre difícil de manifestar empíricamente, es la realidad más real (el *ens realissimum*, como decía la escolástica) y el principio real de los comportamientos de los individuos y los grupos" (1997:47).

Por otro lado, aquellas prácticas y representaciones expresadas en la lucha y confrontación por ganar visibilidad y legitimidad social en dos dominios públicos: los grupos socio-sexuales agrupados en el Movimiento Gay, Lésbico, Travesti, Transexual y Bisexual y en los medios de comunicación masiva, más precisamente la prensa escrita.

La segunda decisión tomada fue eludir lo que Bourdieu llama *tentación subjetivista*. Esto es, considerar al travestismo como un actor auto producido a través de actos voluntarios, libres de toda determinación histórica, actos que muchas veces reproducen las posiciones previamente asumidas por el/la investigador/a[2]. Lo que los enfoques subjetivistas olvidan es que las representaciones genéricas construidas, en este caso por las travestis, son el producto sedimentado de experiencias acumuladas históricamente e incorporadas bajo la forma de disposiciones que, ante cada nuevo escenario, encuentran oportunidades más o menos favorables de actualizarse o modificarse. Bourdieu llama a estas disposiciones, *habitus*. Desde esta perspectiva, y aunque parezca una obviedad decirlo, pese a que el travestismo irrumpió en la escena pública de manera reciente en la Ciudad de Buenos Aires, lo hizo trayendo consigo una acumulación de experiencias adquiridas e interiorizadas bajo determinadas condiciones sociales y económicas que requirieron ser estudiadas.

El mismo enfoque de Bourdieu me proporcionó un marco de referencia para responder a la pregunta acerca del significado y la dirección de las disputas y confrontaciones de las agrupaciones travestis en términos de *luchas simbólicas*. Lo que está en juego en estas luchas no es sólo la presentación del grupo como tal y la obtención de reconocimiento social (*dimensión objetiva*), sino también las formas mediante las cuales busca obtener ese reconocimiento, la disputa sobre los esquemas de percepción y evaluación hegemónicos en la sociedad (*dimensión subjetiva*). Con la participación –y el accionar– del travestismo organizado en el inte-

---

[2] Esta manera de construir el objeto de estudio ha llevado en ocasiones a concebir al travestismo como la verdadera única forma de existencia auténtica o como el nuevo sujeto de liberación de la opresión de género.

rior del Movimiento GLTT y B, así como sus presentaciones –y representaciones– de cara a la sociedad, el colectivo inicia su lucha política por "hacerse existir", por darse visibilidad social desde los márgenes en los que la sociedad lo ha relegado. Inicia también su lucha por hacer legítima "otra" visión del principio organizativo del espacio social de las relaciones de género. ¿Cómo exigen las travestis ser reconocidas, cuáles son los lenguajes y las categorías que se movilizan en la búsqueda y consecución del reconocimiento, qué conflictos genera y cuáles son sus trayectorias?, son las preguntas centrales.

Tres notas más completan el itinerario elegido para escuchar la voz de las travestis. La primera pretende insistir en la *naturaleza intersubjetiva* de los procesos de construcción de identidades. Como lo ha expuesto convincentemente G. H. Mead (1934), la relación de los sujetos consigo mismos sólo puede ser explicada sobre la base de la adopción de la perspectiva de una segunda persona "sobre mí". La construcción de la identidad es el resultado de un proceso de elaboración de las interpretaciones de los otros sobre nosotros/as mismos/as; esto, lejos de ser un fenómeno inmanente al sujeto, que se encuentra a su disposición, es en cambio el resultado de la confrontación e interacción con otros sujetos. Espacios sociales como la familia, la escuela, la calle o los grupos de diversidad sexual son ámbitos en los que las travestis van desplegando su propia manera de presentarse ante los/as otros/as, incorporando en el camino las miradas que les devuelven sobre sí mismas. Es en el interior de esta trama de diálogos, acciones y miradas que se desarrollan las prácticas identitarias a través de las cuales cada una de ellas devendrá travesti y definirá qué significa serlo en cada caso. Las identidades no son, entonces, esencias que se expresen en determinadas circunstancias y ámbitos de la vida social. Ellas son, por el contrario, el resultado de actuaciones que se producen y evolucionan en espacios sociales configurados por relaciones entre sujetos que se comunican, interactúan y confrontan.

La segunda nota quiere resaltar un rasgo no por obvio menos característico del proceso de construcción de identidad de las travestis: el carácter conflictivo y dramático que dicho proceso asume desde el comienzo. La mirada, la actitud de los/as otros/as frente a las primeras actuaciones identitarias de las travestis es de rechazo y negación. Los espacios sociales de la familia y la escuela, lejos de ser dominios vacíos en los que los actores flotan libremente, están estructurados por reglas, principios, clasificaciones, estereotipos, esquemas evaluativos sobre la sexualidad, el género y la orientación sexual, los cuales no pueden ser contestados sin costos. Las actuaciones identitarias de las travestis se enfrentan tempranamente a estos esquemas estructurantes del espacio social en el que viven. Ellas plantean la posibilidad de lo imposible, interpelando de este modo los poderes y las disciplinas sobre los cuales la imposibilidad se asienta.

Llegadas al Movimiento GLTT y B, las travestis inician su experiencia organizativa. Las palabras que las nombran, los sistemas de clasificación y las categorías de percepción son las apuestas de la lucha política del travestismo organizado en el interior de dicho movimiento. Los debates sobre la derogación de los Edictos Policiales primero y sobre el Código de Convivencia Urbana luego, convirtieron a las travestis en sujetos de un litigio político que convulsionó durante tres años el espacio social de las relaciones de género. En la calle entonces, las travestis encuentran un nuevo escenario para vivir su identidad. Es allí donde pueden "ser ellas mismas". La *actuación* identitaria y el *espacio* en el que se actúa —esta es mi tercera nota— adquieren, en este caso, un sentido que conecta con el significado dramático de estos términos. A diferencia de procesos menos críticos de construcción de identidades que transcurren en el marco de espacios sociales ya estructurados, o que se logran renegociando posiciones dentro de ellos, una característica de estos procesos es que el escenario de la calle es un escenario preparado y creado *para actuar una identidad*. "Ser ellas mismas" se concibe como la escenificación de una identidad frente a la cual la mirada del otro opera como la mirada de un "público" que disfruta —o no— del espectáculo y a través de la cual se experimentarán posibilidades que en la vida cotidiana se encuentran vedadas.

Capítulo 3

Familia y prostitución

Familias

> De los varones soy el segundo, de las mujeres vengo a ser la primera.
> (Testimonio travesti)

El descubrimiento de la diferencia

Dos consideraciones me condujeron a la pregunta acerca de cuáles son las prácticas y representaciones asumidas por las travestis en el ámbito familiar. Por un lado, el supuesto de que la familia es una de las instituciones más fuertemente comprometidas en el proceso de socialización en lo que se refiere a las pautas de comportamiento que intervienen en la constitución de la identidad de género. Por otro lado, el hecho de que, tal como lo señalan algunos estudios realizados sobre travestismo, el proceso que conducirá a la asunción de la identidad travesti comienza a una edad muy temprana, cuando los sujetos se encuentran aún implicados en la vida familiar[1]. Ambas cuestiones colocan a la familia como un espacio privilegiado para acceder a las primeras representaciones identitarias del grupo en estudio.

Los gustos por determinados juegos y deportes, la selección de las prendas de vestir, las primeras preferencias sexuales, serán todos argumentos alrededor de los cuales las travestis comienzan a auto percibirse con una identidad que es contraria a la esperada socialmente según su

---

[1] Ver, por ejemplo, Ekins (1998); Silva (1993).

sexo biológico, una identidad que suscita el castigo familiar, la reprimenda en la escuela, la burla y el desprecio de los pares.

Así, tal como ocurre para la mayoría de los/as niños/as, las travestis revelan que las primeras percepciones respecto a la existencia de dos sexos –y de dos géneros– así como la pertenencia a uno de ellos se sitúan en la primera infancia. Sin embargo, en el caso de las futuras travestis, a diferencia del resto de los niños, estas primeras percepciones, lejos de ser reconstruidas como parte de su proceso de crecimiento, se tematizan como experiencias atravesadas por la contradicción y el conflicto –conflicto cuyo derrotero estará indefectiblemente marcado por el sufrimiento–. En algunos casos, el reconocimiento de la pertenencia a un sexo no querido no es recordado negativamente; la expectativa de superar la biología mediante la alternativa del género acalla toda preocupación inmediata. Como citando a Simone de Beauvoir en su célebre frase "no se nace mujer, llega una a serlo", refiere una travesti:

"Me di cuenta de que había dos sexos y de que yo no estaba en el lugar que quería, pero no fue traumático. Era chiquita, tendría seis años. No era nena, pero tampoco me parecía que era trágico que no haya nacido nena. En todo caso, podía comportarme como nena y listo. Más allá de que fuera al baño de distinta manera. Yo me sentía única, no conocía a nadie como yo, con mi característica".

En la mayor parte de los casos estudiados en esta investigación, la auto percepción de la diferencia se expresa en la preferencia por juegos infantiles propios de las niñas y la negativa a participar en juegos masculinos, según su atribución social a un género u otro:

"Mis juegos eran las muñecas, las comadres, preparar la comidita y eso. (Hacía) todo lo que puede hacer una niña. Como era una nena, yo hacía eso. Salíamos a caminar, paseábamos, juntábamos huevitos de ave para hacer collares. A mí no me gustaba jugar el fútbol. Yo no aceptaba eso. Mi mamá invitaba a los hijos de conocidos de la familia para que yo fuera a casa de ellos e hiciera cosas masculinas, pero yo, nada".

En algunas ocasiones, con un peso similar a la familia, la escuela es la fuente de reconocimiento de la diferencia. Con la espontaneidad propia de un/a niño/a, una travesti retrotrae al jardín de infantes el momento en que su preferencia por un color estimado impropio para el uso masculino desata un conflicto que pondrá en evidencia su condición de niño/a diferente:

"Mi problema empieza en el jardín de infantes. Desde aquella anécdota que me cuenta mi mamá. Cuando yo empezaba el jardín, tenía cuatro o cinco años. Entonces, yo fui al jardín con mi mamá y la maestra dice que los varones tienen que ir con cuadrillé azul o celeste y las nenas con rosado. Pasaron los días y mi mamá compró tela y estaba haciéndome el guardapolvo y cuando yo lo veo le hago un escándalo porque vi que era azul, cuadrillé azul. Mi mamá, ¡no sabés! A partir de ahí es como que empezó mi problema. Al principio no entendía, pero fue ahí que empezaron los conflictos".

El franco desacuerdo entre los deseos que revelan haber tenido las travestis en sus primeros años de vida y las expectativas familiares no sólo se expresa en el vestido y/o la apariencia física. Siguiendo el sistema de género binario hegemónico, también los saberes disponibles están generizados y también ellos operarán como marcadores de la diferencia:

"Sufrí mucho, cuando era chica sufrí mucho, la verdad. Yo quería aprender a tocar el piano y mi papá, por ejemplo, no me dejó porque él decía que el piano era para las mujeres".

Sea a través del reconocimiento de un sexo que no está libre de valoraciones culturales en un sistema binario de género, sea a través del juego y los saberes esperados o del vestido, los relatos destacan que la percepción de ser niños diferentes proviene de sus inclinaciones por aquello que pertenece claramente al género femenino y que un poco más tarde, cuando aparezcan las primeras experiencias sexuales, será identificado como homosexualidad. Hasta ese momento, el grito infantil, la negativa a aceptar las imposiciones parentales y el sufrimiento al ser contrariadas en sus deseos, no tiene una palabra específica para nombrar esa diferencia. Si se tiene en cuenta la cronología elaborada por Richard Ekins (1998), esta etapa puede ser identificada como "fase 1": "comienzo de la feminización", uno de cuyos rasgos distintivos es, precisamente, la indiferenciación que resulta del hecho de no disponer aún de recursos conceptuales para que esa diferencia ya percibida tenga una palabra que la nombre.

Las preferencias sexuales, entonces, intervendrán otorgando a aquellas primeras percepciones una identificación. El reconocimiento de la atracción sexual hacia el mismo sexo es valorado como un atributo que explica aquellas diferencias. Las entrevistadas manifiestan haberse dado cuenta de su gusto por los varones entre los ocho y los diez años. Aquellos juegos y atracciones valoradas como femeninas y definitivamente poco apropiadas para los niños, llegan a ser explicadas cuando las entrevistadas experimentan sus primeros intercambios sexuales y encuentran para éstos una palabra que los identifique: homosexualidad.

Sin embargo, hubo un tema, la frecuente existencia de la violación infantil en las travestis, cuyo tratamiento permite señalar que ellas "saben" que no son homosexuales. Debo aclarar, no obstante, que se trata de un tema al que me acerqué con mucha cautela en razón de observar el dolor que les producía hablar de ello y también a los fines de evitar cualquier "aventurera" lectura que asocie la violación al travestismo en términos de causa-consecuencia[2].

La mayor parte de las travestis que participaron en esta investigación manifestaron haber sido violadas cuando pequeñas, en general, por personas cercanas y/o conocidas de la familia. Una de las razones atribuidas a esta experiencia describe a la "niña travesti", precisamente, como no homosexual:

"Lo que sucede es que nosotras cuando niñas, con esas tendencias homosexuales, que podrían llamarse homosexuales pero que yo creo que ya son travestis, ya somos muy lanzadas, muy abiertos nuestros comporta-

---

[2] Para estimaciones de este tipo se requieren estudios con objetivos muy lejanos a los míos.

mientos, muy aviesos y muy tempranos. Eso nos convierte en blanco fácil, en blanco fácil de agarrar, de que nos violen. Porque a diferencia del niño gay, que se esconde, son calladitos, nosotras mostramos rápido nuestro deseo de ser niñas".

La vulnerabilidad a que quedan expuestas las travestis con motivo de su decisión a "mostrarse" como diferentes a muy corta edad, excluye entonces a niños gay. Al indagar un poco más sobre la observación de esas primeras diferencias, las travestis precisan su auto adscripción temprana al travestismo, aun cuando éste no forme parte todavía del lenguaje identitario de esas pequeñas, y lo hacen recurriendo a ser portadoras de deseos diferentes:

"Esta situación de mostrarnos, de mariconear sin vergüenza desde chiquitas es propia del travestismo. Aunque nos digan que somos niños homosexuales que luego nos hacemos travestis, no es así. Porque muchos homosexualitos se quedan ahí, ¿no? Porque a diferencia de los gaycitos, nuestro deseo primero es de ser niña, lo tenemos a flor de piel y por encima de cualquier otro deseo. En el caso de los homosexuales, el deseo primero es el deseo sexual por un varón como ellos. Este no es nuestro caso".

Mientras la identidad gay, que siguiendo el razonamiento explicitado en la cita podría extenderse a lesbiana e incluso heterosexual, se forja a través de la preferencia sexual por el mismo sexo, en la identidad travesti lo primero que aparece registrado en la propia subjetividad es el deseo de portar atributos femeninos, "ser niña". Esta es la razón por la que muchas de las entrevistadas entienden que no sólo son presa más fácil de posibles ataques sexuales sino que la violencia que reciben es mayor a la sufrida por gays y lesbianas. Agregan que un dato que lo confirma es el hecho de que los conflictos que tienen en sus familias, escuelas y otros espacios sociales de concurrencia infantil, surge bastante más tardíamente que en el caso de las travestis, quienes abandonan el hogar de sus padres teniendo muy pocos años de vida. Aun cuando afirman que el gusto por los varones es reconocido a corta edad, insisten en que ellos no son vistos como iguales a ellas, son varones.

"A mí me gustaban los varones pero para mí ese varón que me gustaba no era como yo, era un opuesto. A mí me gustaba Rubén, pero Rubén no era como yo, jamás lo veía como yo y yo no quería ser como él. Rubén era un opuesto, entonces ahí hay algo más, algo más que la sexualidad. Mi problema era que no me podía gustar Rubén e ir a su casa con tremendos moños y trenzas como tenía mi hermana. Para mí no era ilícito mi deseo sexual hacia Rubén. Lo ilícito no era el deseo sexual, lo ilícito era que si yo iba con vestido a tomar un helado con él, sentía que me veían mal vestida, él mismo me veía así, pero, en realidad, era lo que más quería."

Las reacciones del medio familiar y de la escuela, los dos escenarios privilegiados de interacción social en la infancia, no se harán esperar frente a estos comportamientos. En términos generales, la familia del conjunto de las travestis que participaron en esta investigación se compone de padre, madre y hermanos/as y, en muchos casos, se presenta al primero como el responsable más importante del sufrimiento ocasionado a aquel que aparece como un niño diferente:

"Yo le tenía odio a mi papá porque mi papá me llevaba a cortarme el pelo, me ponía zapatitos, pantalón, cinto, camisa y pelo cortito. Yo era un solo llanterío".

En algunas ocasiones, el maltrato paterno deriva en el abandono transitorio del hogar y también de la escuela.

"(Mi papá) me decía mariconazo. Un día lo enfrenté, cuando me dijo maricón de mierda. 'Voy a hacer una cosa más simple –le dije– yo jamás te voy a pedir nada'. Dejé la escuela, estaba en segundo grado, pero sabía hacer lo necesario. Tenía diez años. Aprendí sola, hice de todo, abrí puertas de taxis, dormía en trenes, colectivos."

La intervención de la madre en el cuadro familiar toma dos formas: o bien es presentada como más permisiva que el padre respecto a ese/a hijo/a cuyos comportamientos se desvían de la hetero-normatividad o acompaña al padre en la negativa a aceptar dichos comportamientos.

"La relación con mi mamá fue mala. Para ella, el hombre tenía que ser hombre y la mujer mujer. Yo jugaba con mi prima y ella me decía maricón y yo me acuerdo que mi mamá se enojaba con ella y le decía que yo era macho. Mi mamá quería que yo fuera bien varón y yo, ¡era tan femenina! No jugaba a la pelota, nada, no tenía amigos varones y entonces ella me detestaba."

Un aspecto relevante identificado en el conjunto de las entrevistas realizadas se refiere a los intentos familiares por buscar una solución al problema del niño diferente. Todas las entrevistadas manifiestan haber sido llevadas a una consulta médica y/o psicológica y, aun cuando no se les revelara los motivos de ello, todas afirman que estuvo relacionada al conflicto que ellas generaban en la familia.

"Me llevaron al psicólogo. Pero no sé qué resultado le habrán dado porque no me lo dijeron. Lo único que me dijo mi mamá fue que el psicólogo le dijo que lo mío era un problema glandular, no psicológico, y que no iba a cambiar."

Para completar el cuadro familiar, quedan ahora los/as hermanos/as. A excepción de unas pocas, la mayoría de las entrevistadas manifestó no haber tenido relaciones conflictivas con sus hermanos/os. Si éstos/as tienen ya su propia familia, sus casas constituyen un lugar de refugio frente a la hostilidad parental. De lo contrario, hermanos/as guardan silencio. Del conjunto de los vínculos familiares, los construidos con hermanos/as son los únicos que las travestis conservan a lo largo de su vida. Incluso aquéllas que relataron haber sido castigadas también por ellos/as, manifestaron haber recuperado, ya como adultas, la relación con los/as mismos/as.

El escenario escolar no es valorado de manera muy diferente al familiar y constituye, como éste, una fuente de mucho pesar y discriminación. En general, son los/as propios/as pares los/as identificados/as como responsables de actitudes discriminatorias.

"Mi escuela primaria fue una locura. En los colegios, yo sufrí mucho. Sufro mi primer sufrimiento a nivel sexual. Lo tengo que haber vivido a los once años, para las vacaciones de julio. Veo que tengo un compañero que era muy afeminado y tenía otro que era muy inteligente y el amigo inteligente me explica lo que yo no sabía: qué era un homosexual. Él me habla de lo que era un homosexual, son los putos, me dice. Y entonces yo digo: ¡Ay! entonces, yo soy homosexual. Yo descubro así la palabra homosexual. Y cuando me voy para las vacaciones de julio, le digo a mi compañero que yo creía que era gay, necesitaba decírselo a alguien. Y el chico se me empezó a reír, fue mi primer dolor en la escuela. Cuando vuelvo de las vacaciones, le había dicho a todo a todo el colegio. Ahí empiezo mis primeras chupinas[3]."

Cuando la violencia no proviene de los/as compañeros/as, son las/os mismas/os docentes quienes la ejercen y la práctica deportiva es con frecuencia la ocasión oportuna para hacerlo.

"En educación física siempre tuve problemas. Había: o handball para las nenas o fútbol para los varones. Me obligaban a jugar fútbol y yo siempre me sentía mal."

Asimismo, las travestis atribuyen a la escuela la responsabilidad de un presente marcado por la pobreza y la marginación. Si bien la mayoría de ellas concluyeron la escuela primaria, el nivel secundario sólo fue alcanzado por cinco de ellas y como adultas[4]. Los motivos que explican esta

---

[3] "Hacerse la chupina" es una expresión usada para dar cuenta de ausencias escolares clandestinas, aquéllas que no son autorizadas por los padres ni tienen relación con decisiones provenientes de la institución escolar.

[4] El nivel educativo de las travestis fue explorado por la Defensoría del Pueblo en

situación no son otros que la discriminación y consecuente expulsión y/o auto expulsión escolar.

"Yo tardé muchos años en hacer la secundaria, pero mi mamá nunca supo por qué yo tardé tanto. Yo tenía problemas internos y, además, mis compañeros que me gritaban puto, marica, esto y lo otro. Entonces yo me peleaba y me echaban del colegio, o faltaba. Así, de rebote en rebote, fui terminando de estudiar. Cuando se daban cuenta que era homosexual, en seguida me iba."

Los horizontes identitarios disponibles a las travestis en sus primeros años de vida las conducen a transitar un camino que va desde ser niños diferentes a los que la educación, el tratamiento médico y también la violencia podrían reconducir al lugar apropiado, hasta llegar a ser niños homosexuales para los que no hay retorno posible y a los que sólo les quedará recurrir a estrategias de ocultamiento diversas.

Estrategias para ocultar la diferencia

En el marco de un espacio en el que la re-presentación de las diferencias acarrea hostilidad, discriminación y violencia, las travestis manifiestan haberse visto obligadas a instrumentar, desde muy pequeñas, mecanismos a través de los cuales ocultar aquellos comportamientos comprometidos en los conflictos, ya fueran éstos de orden familiar o que transcurrieran en la escuela. Así por ejemplo, frente a la posibilidad de que el psicólogo develara a la familia su problema, relata una de las informantes:

"Cuando me llevaron al psicólogo me hacían hacer dibujos, colages y vos tenías que adivinar los dibujos que te mostraban, los números. Y

—————

su *Informe preliminar sobre la situación de las travestis en la Ciudad de Buenos Aires.* Según este informe, sobre una muestra de 147 travestis, la secundaria incompleta es el máximo nivel de estudios que posee el 50% de las entrevistadas. El 19% sostuvo haber finalizado sus estudios primarios, mientras sólo el 13% de la muestra completaron el nivel secundario.

yo siempre decía lo contrario a lo que veía por miedo a que me descubrieran. Lo que yo era, ¿viste?".

El ocultamiento en el ámbito familiar conduce, en algunos casos, a la incorporación de características que dejarán su impronta en la personalidad adulta: el hábito de mentir que se auto asignan algunas travestis son explicados por ellas como producto de sus situaciones de vida.

"Yo aprendí a mentir desde chiquita, para zafar. Después, de grande, tuve que aprender que no tenía sentido mentir, que o me aceptaban así o a la mierda. Fue todo un trabajo dejar de mentir. ¡Si yo me había criado mintiendo! Hasta que un día me pregunté por qué mentía, muchas veces no había ninguna razón para hacerlo. Yo me daba cuenta, pero igual mentía. Después ya no."

Pero también la constitución de la propia personalidad será resultado de tempranas condiciones de interacción familiar y escolar:

"Uno no los quiere hacer sufrir (a la familia) y cuando tenés problemas en la calle, en la escuela, mi mamá nunca supo por qué. En mí hay toda una vida de una doble personalidad: tenía que pasar por varoncito, cuando yo no lo sentía así. Yo me ocupé de tapar la cosa, nosotras, desde muy chicas, es como que nos ponemos inteligentes en ese tema, llevamos esa doble personalidad para no hacer sufrir a la gente, pero también para que no nos caguen la vida".

Aquella etapa de la vida infantil en la que era posible, sin temor a represalias mayores, tener juegos eróticos se verá interrumpida a los fines de auto preservar su propia vida y/o proteger a diversos miembros familiares de miradas reprobatorias provenientes de vecinas/os y amigas/os.

Y si en la familia es necesario ocultarse, más aún lo es un escenario público como la escuela, adonde la exposición personal también compromete a compañeros/as, amigos/as y maestras/os. En este caso, las estrategias son tan diversas como en el anterior. La materia del ocultamiento es tanto la opción sexual como las obligaciones impuestas por las instituciones educativas de practicar determinados deportes.

"Entonces, cuando me pasa eso en el colegio (se enteran de mi homosexualidad), me faltaba todo un año de pasar con ese chico (que se reía de mi homosexualidad). Entonces, yo tenía que demostrar a todos que no era homosexual, me peleaba como varón, era agresiva, me hacía la chupina, me agarraba a trompadas."

Dos son las cosas que quiero destacar de esta cita. Por un lado, la asociación que la informante establece entre preferencia sexual por el mismo sexo y género. Parecería que, desde un esquema de percepción organizado en torno al eje homosexualidad, la posibilidad de combinarla con el género masculino está negada. Por otro lado, el hecho de que la estrategia implementada para ocultar la homosexualidad sea "actuar" el género masculino, "me peleaba como varón", da pistas para pensar que ya está relativamente consolidada una identidad, por lo menos, contraria a la esperada en razón de su sexo biológico. ¿Cómo, si no, auto percibiéndose como no varón, puede "actuarse" como tal?

Aquellos comportamientos, orientados a ocultar una identidad, son comunes a los grupos cuyas identidades reciben algún tipo de sanción social, ya sea por razones étnicas, religiosas, etarias. En este sentido, aun cuando no se ha explorado en profundidad, es probable que las niñas travestis compartan este trecho con jóvenes cuyas preferencias sexuales son homosexuales. Lo cierto parece ser que, sea que la necesidad de ocultar aquello "que se es" esté explicada con el argumento de proteger a los miembros de la familia o de defender una identidad que se ve atacada, sugiere la existencia de atributos identitarios que están ya organizados, en muchos casos bajo el nombre de homosexualidad, y que deben ser protegidos bajo la simulación de pertenecer a un género no deseado.

En el cuarto propio: el vestido escondido

Si bien, como señalé hace un momento, las categorías de identidad disponibles en el ámbito familiar y escolar están relacionadas con la preferencia sexual por el mismo sexo, es en este mismo escenario en el que las niñas travestis ensayan sus primeras actuaciones de género femenino y lo harán, en una medida importante, a través del vestido.

El uso de prendas femeninas en la infancia no será, para las travestis, sólo un juego. Encuentran en él una fuente de goce que difícilmente pueda equipararse a lo que eran los entretenimientos con las muñecas o la preferencia por el handball. Oculta en el ámbito familiar, la búsqueda de una imagen femenina, en la que el vestido es una parte importante, marcará la vida travesti:

"Me acuerdo la primera vez que me puse una bombacha. Como no tenía plata, me ponía bombachas robadas o calzoncillos arrollados, hechos bombacha. Y un día que tenía plata, yo me fui a comprar ropa, un conjunto de bombacha y corpiño rojo, de encaje. Tenía doce años. Fue mi primera ropa de mujer comprada y elegida por mí. ¡Cuando me lo puse! ¡No me imaginaba! ¡Un fuego! Pero también de más chica todavía, usaba sábanas, me las ponía en la cabeza, caminaba en la cama en puntas de pié. Me fascinaban unas bolsas que había arriba del ropero, llenas de collares y cintos de todos colores".

En un testimonio que da cuenta del plus que significaba vestirse de mujer, señala una travesti:

"Me acuerdo la primera vez que estaba jugando a que yo era Cleopatra, llena de sábanas, en la cama. Entró mi papá, yo no lo escuché y él entró y yo estaba bárbara, con música. Mi papá me vio y no sé si pasé por Nerón o cómo lo entendió él. Quedó como que estaba jugando y nada más, pero yo sabía que no era un juego".

En pocos casos, el vestido llega al ámbito público, pero lo hace siempre escondiéndose de la familia.

"A los doce o trece años ya me vestía de nena y guardaba la ropa en el galpón del fondo de mi casa. Yo era terrible. Tenía la ropa en el galpón donde mi mamá guardaba cosas, herramientas, las bicicletas. Entonces, yo guardaba la ropa en una bolsa, la escondía, saltaba la ventana de mi pieza, iba al galpón y me cambiaba y me iba a bailar. Un día me encontró mi papá. Fue un horror, me golpeó y me obligó a sacarme la ropa."

Cuando el deseo de vestirse puede realizarse abiertamente, entonces, se concretará en las fiestas escolares y el carnaval. Ambos espacios son valorados por las travestis como lugares de regocijo esperados con mucha expectativa. Si se trata del carnaval, la experiencia es recordada de la siguiente manera:

"En las murgas yo podía vestirme de mujer. Me encantaba el carnaval por eso. Me ponía todo el vestuario encima. Si no me dejaban ir, me escapaba, era el único momento que podía ser yo".

Con relación a las fiestas escolares, dice una travesti:

"En el colegio me vestía en las fiestas. Se hacía una fiesta en la que se elegía la reina de la murga y un pibe de cada curso tenía que vestirse de mujer y, más bien, me presentaba yo. Chocha yo, me quedaba vestida de mujer toda la noche. Todos se reían de mí, pero a mí no me importaba, yo chocha con la ropa de mujer".

Varios años deberán pasar para que el vestido femenino no se oculte en el cuarto propio o se excuse en una fiesta escolar y se constituya, por tanto, en un aspecto más del ser mujer.

"Mirá, cuando yo era chica mis padres me vestían de San Martín cuando yo quería ser Remedios de Escalada. Ahora, yo le digo a la policía: 'Vestime de gaucho si querés, vestime, total mi alma de mujer no la vas a poder tocar'."

La familia es, como hemos visto, el lugar en cuyo seno las travestis comienzan a construir sus primeras identidades. Primero de una manera difusa, como resultado del conflicto que genera a los padres la presencia de un niño cuyos comportamientos no se ajustan a aquéllos socialmente establecidos según su sexo. Las más tempranas definiciones vendrán de la mano de sus preferencias sexuales, para las cuales la homosexualidad es el recurso conceptual disponible en la familia, así como en la escuela. Al mismo tiempo que "la diferencia" encuentra la palabra para ser nombrada, las travestis se escurren de ella haciendo sus primeros ensayos de la actuación de género femenino. Recurrir a estrategias que permitan ocultar esta actuación y evitar con ello el castigo familiar y/o el remedo en la escuela, permite a las travestis permanecer en el hogar de origen por un tiempo. Mientras la vida de las travestis transcurre en la familia, su identidad parece estar tironeada por dos anclas. Cuando la palabra encontrada para dar cuenta de la diferencia es la homosexualidad, entonces, ésta será la identidad disponible para ser asumida. Actuar como varón evitará el castigo. Pero, al mismo tiempo que se actúa como varón se ensayan las representaciones de ese género femenino que luego, lejos de la familia, saldrá del cuarto escondido y encontrará en el escenario público, en las calles destinadas al comercio sexual especialmente, pero también en las asociaciones que las nuclean y otras más, una posibilidad de expresión sin ataduras. En este proceso, se irá accediendo a una identidad cuyos atributos trascienden la sola preferencia sexual homosexual.

El alejamiento de la familia de origen

El alejamiento de la familia de origen ocurre entre los trece y los dieciocho años y, en la mayor parte de los casos, es valorado como el comienzo de una nueva vida, de la verdadera vida.

"A los veinte años empecé a ser travesti, abandono del todo la ropa masculina. Como gay, tapado, podía estudiar, mantener un trabajo y vivir en mi casa. Hasta que me voy de mi casa, le digo a mi mamá: bueno, hasta acá me reprimí, ahora quiero vivir."

Luego de haber pasado un largo tiempo de libertades coartadas tanto por la familia como por el medio escolar y social en general, el alejamiento de la familia implica muchas veces el abandono definitivo de los vínculos con algunos miembros de la familia, sobre todo el padre.

Si bien la mayoría de las travestis argumentan que los motivos del distanciamiento familiar giran en torno a la necesidad de vivir una vida propia, sin las ataduras de la familia, otras exponen que los móviles responden a otras razones. En algunos casos, éstas se vinculan al hecho de haber vivido una situación muy dolorosa cuya responsabilidad se atribuye a la propia familia –el desprecio hacia amigas travestis o la negativa a protegerlas del maltrato vivido en sus hogares– y que vuelve inconcebible la permanencia en ella. En otros casos, las razones responden a una crisis económica familiar que las travestis deben resolver.

"Cuando yo estaba en cuarto año me vine a Buenos Aires, a la casa de mi abuela en Palermo. Estuve tres días y empecé a llamar a las agencias de prostitución. Había una hipoteca que levantar y había que hacer algo, sí o sí. Estaba trabajando mi mamá, estaba trabajando yo y no hacíamos nada. Entonces, vine acá con esa idea. Llamé, enganché y empecé a trabajar."

No obstante la diversidad de razones esgrimidas para explicar la salida de la casa, ese momento implica, en general, el abandono definitivo de las ropas masculinas y la puerta de entrada al ejercicio de la prostitución[5].

Aun cuando algunas travestis ingresan a la prostitución cuando todavía comparten el hogar familiar, se las aleja cuando dicha práctica adquiere un carácter permanente y se convierte en la única fuente de ingresos. Igual permanencia tendrá en la vida travesti el uso de adornos y prendas femeninas y la adopción de signos corporales también femeninos.

─────────────

[5] El abandono definitivo del vestuario masculino implica la adopción de un nuevo estilo de vida y aleja a este travestismo de aquellas definiciones que lo han ubicado en términos de "travestismo fetichista", un tipo de práctica cultural a través del cual, por diversas razones, algunas de tipo erótico, la persona altera el uso de prendas masculinas y femeninas según ocasiones diferentes.

"Un día hice un cliente con mucha plata y pensé que era mi oportu- nidad y me fui (de mi casa). Me fui, busqué alquilar una habitación, en una casa de familia, pagué varios meses adelantados. Era la primera vez que hacía todo sola. Tenía catorce o quince años. Me compré sábanas, todas las cosas, un montón de ropa. Porque antes había que llevar una ropa abajo y otra arriba, por mi hermana y el marido. ¡Horrible! Encima tenía que andar con todas las pastillas a cuestas porque mi hermana me decía que me iban a hacer mal y yo las tenía que esconder. Ahí andaba todo el día de minifalda. Sólo me dedicaba a trabajar en la calle."

Dos son, entonces, las rupturas que genera el distanciamiento del hogar familiar. Por un lado, el abandono de las prendas masculinas y la elección, en su lugar, de una apariencia femenina y, por otro lado, la prác- tica prostibular. Empezar a ser travesti es empezar a vestir de mujer y llevar su cuerpo en dirección a ese género; como en seguida veremos, el escenario posible para eso es la prostitución.

Prostitución

Cuando un cliente busca una travesti, quiere una puta; si no, quiere una mujer.

(Testimonio travesti)

A diferencia de lo que ocurre con la prostitución femenina, cuyo estudio ha dado lugar a una profusa bibliografía, la prostitución travesti es un fenómeno que comienza a ser estudiado en América Latina recién en la década del ochenta y, en la mayor parte de los casos, se integra como un capítulo en los trabajos sobre ejercicio prostibular de varones. Algunos antecedentes de ello son las investigaciones realizadas por Perlongher (1993) y su distinción entre prostitución viril y prostitución travesti[6], Parker (1990, 1999) y Lancaster (1992), entre otros/as.

[6] En su libro, titulado *La prostitución masculina*, Perlongher acuña el término prostitución viril para distinguirla de otras formas de prostitución homosexual dentro

Gran parte de tales estudios destacan la relación que guarda la prostitución travesti con la extracción social de las travestis mismas. Así por ejemplo, en una investigación llevada a cabo en Brasil por Richard G. Parker (1990), el autor señala que las travestis raramente son toleradas en los vecindarios suburbanos más pobres y más tradicionales de ese país (Prieur, 1998). Una vez que ellas atraviesan la línea de género, dirá, no tienen otra elección que dejar la familia y mudarse a ciudades más grandes donde una mezcla de actividades a menudo marginales e ilegales crean un tipo de región moral en la que los valores tradicionales de la sociedad brasileña no funcionan[7]. Allí, ninguna otra opción que la de la prostitución se abre a las travestis para conseguir dinero. Esta afirmación puede extenderse a nuestro caso en estudio: como resultado de la intolerancia y exclusión social que, como vimos, comienza en la familia, la prostitución es el único medio disponible a las travestis para sobrevivir.

No obstante, aunque como consecuencia de la misma intolerancia y exclusión, la prostitución es también el único espacio "permitido" para actuar el género que han elegido para el resto de sus vidas. En este sentido, el escenario prostibular tendrá una participación importante en la construcción de la identidad travesti. El vestido escondido en la familia puede ahora ser mostrado y, además, ser el objeto privilegiado de los clientes. Las imágenes que las travestis construyen sobre sí mismas se arman a través de un entramado de miradas que, atribuidas por las informantes que participaron en este estudio a los diversos actores presentes en el trabajo prostibular, son incorporadas por las travestis en sus prácticas y representaciones identitarias. Como veremos, los clientes y

---

de las cuales ubica a la travesti. Mientras que la feminidad radical del travesti, afirma Perlonger, puede desencadenar un devenir mujer, la virilidad del miché –que hace gala, en su presentación ante el cliente, de una exacerbada masculinidad–, encarna, cuando no una copia, una exacerbación paródica del modelo mayoritario de hombre, que le corresponde por asignación anatómica.

[7] En el estudio realizado por la Defensoría del Pueblo de la Ciudad de Buenos Aires, ya citado, el 90% de las encuestadas son argentinas, de las cuales el 62% proviene de provincias del interior del país. Este dato, aunque parcial en tanto se realizó sólo sobre un universo de 147 travestis, señala que, efectivamente, se alejan de sus zonas de residencia originales.

las mujeres en prostitución son dos de los actores más destacados en este proceso.

De la familia a la calle

Señalé recientemente que, en muchos casos, la prostitución comienza a ser ejercida por las travestis, aunque de manera esporádica, cuando ellas aún comparten el hogar de la familia de la cual provienen. Cuando esto sucede, travestismo y prostitución se reúnen en la voz travesti apelando a la extracción social familiar. Algunas travestis explican su ingreso a la prostitución –cuando aún no se han alejado de la casa paterna– como una oportunidad a través de la cual conquistar la independencia económica así como también una posición de mayor poder entre los miembros de la familia de origen, caracterizada en su mayoría como pobre. El trabajo en la calle se describe como una forma de enfrentar el rechazo familiar.

"Las travestis venimos de barrios muy carenciados y el rechazo que hay en esas cuestiones… Generalmente de familias grandes, carenciadas, con poca contención de parte de la familia, salen solas a la calle, como una forma de aceptación o una búsqueda de aceptación se prostituyen y así tienen poder económico dentro de la familia, lo que les hace pensar a la familia sobre ellas. Porque es más rentable ser travesti que no travestirse."

Tras la búsqueda de reconocimiento, las travestis se prostituyen y el dinero obtenido a través de esa actividad cambia su posición en el interior de la familia, sobre todo cuando ésta es pobre. No obstante, el conjunto de las travestis que manifestaron ejercer la prostitución cuando aún vivían con sus padres e, incluso, con el conocimiento de éstos, negaron que el dinero obtenido contribuyera al sostén familiar. La respuesta más frecuente fue que el mismo era utilizado para comprar hormonas o prendas femeninas, con lo que daban comienzo al proceso de transformación de sus cuerpos y apariencia física.

"Yo empecé la calle a los catorce años, en Panamericana. Fui la primera travesti de catorce años trabajando en Panamericana. Mis padres sabían, pero no me decían nada. Con el dinero que sacaba me compraba. A la edad mía, ¿cuánto podía sacar?, no era mucha plata. Juntaba plata para comprarme hormonas, para inyectarme y tener pechos de hormona."

Cuando pobreza y familia de origen no coinciden, es el propio deseo de tener ropa femenina, deseo que no puede explicitarse a los padres, la razón dada al temprano ejercicio de la prostitución. En casi todos los casos éste encuentra sus motivos más fuertes en cuanto espacio en el que es posible desplegar la propia identidad sin los cuestionamientos y los rechazos que habían caracterizado la vida familiar y la escolar.

"Ya en la adolescencia, cuando salía de la escuela nocturna de cerámica, tomaba el colectivo e iba a una zona de yirito gay, adonde se iniciaban los *taxi boy* chiquitos. Mi mamá, siempre que yo volvía tarde a mi casa me preguntaba si me estaban usando o si alguien estaba abusando de mí. Y yo le decía que no, pero no le decía que estaba conociendo un mundo que es como yo y que, lamentablemente, sólo tiene espacio en la noche."

Procurarse dinero para transformar la imagen corporal y la apariencia física, acceder a un mundo reconocido como el único propio, conseguir un lugar de respeto en un núcleo familiar hostil y aquejado en la mayoría de los casos por la pobreza, son todas razones que, en la voz de las travestis, explican sus primeras prácticas prostibulares. Estas mismas razones son las que las alejarán de su familia y del barrio o ciudad en el que pasaron los primeros años de su vida. De manera gradual, la familia dejará de ser el espacio central en el cual se concentra la disputa por obtener reconocimiento.

A diferencia de lo que Annick Prieur (1998) encuentra en su investigación sobre travestismo prostibular en México, las travestis por mí entrevistadas no inscriben el trabajo prostibular en una estrategia de reintegración a sus propias familias. Si bien dicho trabajo les permite a veces de manera efímera renegociar su lugar dentro de ellas, lo más importante parece ser el descubrimiento de un escenario a partir del cual se inician nuevas búsquedas. En relación con él la familia pasa a un segundo plano. La alternativa de situarse en el lugar de quien dispone de dinero y, por tanto, obliga a la familia a una aceptación (negociada) de la identidad, deja de ser una lucha lo suficientemente atractiva para las travestis. Su destino está definido con relación al nuevo ámbito, extra-familiar, que comienza a ser explorado y que va adquiriendo un rol mucho más importante en la búsqueda de reconocimiento: la calle misma. Finalmente, terminarán alejándose del hogar parental y de su entorno de relaciones, en muchos casos de manera definitiva.

El pupilaje

El pasaje de la familia a la calle se hará siguiendo una modalidad organizativa que las travestis llaman "pupilaje" y que constituye una manera de regular las relaciones entre las travestis en el ámbito de trabajo. Es también el mecanismo a través del cual se socializa a las más jóvenes en cuestiones relativas a la prostitución.

Intervienen en el pupilaje dos actores: las *pupilas* y la *madre* que las tiene a cargo. Las primeras buscan en la madre protección callejera y buscan también modelos de identificación y pautas culturales para moverse en el escenario prostibular. Pupila y madre tienen una importante diferencia de edad y, sobre todo, de experiencia en la prostitución. Ser pupila de una travesti garantiza tranquilidad para trabajar. La marginalidad, así como las exigencias derivadas de la misma situación de trabajo, conduce muchas veces a las travestis al consumo excesivo de drogas y alcohol que ellas explican como una manera de resistir ese tipo de actividad con coraje y durante largas horas.

"Tenés que tener pilas para bancarte mucho tiempo acá. La prostitución te lleva toda tu energía, y no sólo la física, también la mental. Cuando ya no tenés más, entonces, viene bien una ayudita. Es bueno para el cansancio, para el frío, para bancarte a los clientes cuando un día no tenés ganas de bancarlos."

Es ese mismo consumo el que, al cabo de un tiempo, impedirá a algunas travestis ejercer la prostitución, y que las conducirá a encontrar entonces en sus compañeras más jóvenes una oportunidad para conseguir el dinero que necesitan. Si estas jóvenes son pupilas, el sólo hecho de invocar el nombre de la "madre", será razón suficiente para no ser molestadas ni desprovistas de los recursos por ellas obtenidos mediante la prostitución callejera. De la misma manera funciona la madre con relación a la distribución de las esquinas y calles donde circular en el transcurso de la noche de trabajo. Si ella habilita un lugar –una "parada"– en su zona de prostitución para la pupila a cargo, entonces, nadie podrá opinar en contra; pero esta habilitación implica dinero que la pupila tendrá que pagar a su superiora.

Muchas veces, pupilas y madre comparten la vivienda; en este caso, las primeras darán parte del dinero ganado a la segunda, quien les procurará un cuarto donde descansar y el alimento necesario. Este lado del pupilaje, sin embargo, ha ido desapareciendo de la prostitución travesti. Las informantes señalan que existe solamente en el interior del país, adonde las condiciones de vida de sus compañeras son mucho más duras que en la Ciudad de Buenos Aires y donde, además, no hay organizaciones travestis. Para muchas, el contacto con el activismo travesti es la vía para empezar a valorar negativamente este aspecto del pupilaje y para llegar a afirmar enfáticamente que ya no debe sostenerse.

El otro lado del pupilaje, aquel a través del cual las travestis buscan modelos identitarios y aprenden a manejarse en la calle, se mantiene aún y es valorado positivamente. Las madres aconsejan a sus pupilas, muchas recién llegadas del interior del país, sobre los lugares donde pueden vivir, donde pueden trabajar, cómo deben hacerlo, cómo son los clientes y cómo deben conducirse con ellos. Asimismo, las pupilas aprenden de sus madres las maneras de vestirse, de maquillarse y transformar su cuerpo. El dinero ya no forma parte del pupilaje, al menos en la Ciudad de Buenos Aires; pero esta forma organizativa conserva, sin embargo, su rol de *socialización anticipante*, concepto éste que tomo de Goffman (1981) para referirme al conjunto de sugerencias, insinuaciones y repertorios que instruirán, en este caso, a las jóvenes travestis sobre las exigencias que se presentarán en el medio prostibular.

El escenario propio

La prostitución en la calle, como aquel cuarto de la infancia en el que se ocultaba el vestido femenino, es el espacio en el que las travestis encuentran un sitio donde vivir cotidianamente su identidad, espacio en el que, además, obtienen dinero. Ambos aspectos distinguen la prostitución de otros escenarios también públicos como el carnaval o las celebraciones de las marchas por el orgullo gay, lésbico, travesti, transexual y bisexual. Para las travestis que intervinieron en este trabajo, todas activistas políticas, el carnaval ya no es valorado como lo fue en épocas anteriores; la participación en asociaciones travestis y en el Movimiento Gay, Lésbico, Travesti, Transexual y Bisexual, las condujo gradualmente a evaluar la fiesta carnavalesca como agraviante a la identidad travesti y como expresión de una sociedad que, en su hipocresía, aplaude a las travestis en la murga nocturna y pide su encarcelamiento la mañana siguiente.

En la calle, las travestis se ofrecen a la mirada pública. El pequeño cuarto familiar en el que intentaban apropiarse del género femenino, es reemplazado por un gran escenario abierto ahora al público. El vestido femenino, los gestos y comportamientos sexuales asumidos, los adornos corporales y los cuerpos mismos, puestos todos en el espacio callejero, constituyen la dotación expresiva de las travestis en prostitución[8]. En otras palabras, las travestis se valdrán de un conjunto de signos expresivos para construir una representación de su actividad prostibular; signos que serán combinados de manera diversa en diálogo y permanente negociación con los/as distintos/as actores del medio, pero que no son fijos sino que están permeados por cambios históricos.

Con la entrada al mercado de los cuerpos, las travestis celebran una nueva etapa de su experiencia vital.

---

[8] Según Goffman (1981), la dotación expresiva de una actuación dramática está conformada por un conjunto de signos que, puestos en un *medio* como lo es la calle para las travestis, tanto indican al público o auditorio el estatus social del actuante *—apariencia—* como advierten al mismo acerca del rol de interacción a desempeñar *—modales—*.

"Sí, ¡más bien! (que me gustaba trabajar en la calle). Me sentía liberada. Es una manera de sentirme mujer. Así le dije una vez a una jueza que me preguntó por qué yo trabajaba en la calle. Ella no entendía nada. Si yo vivía en mi casa disfrazada de hombre, en el único lugar donde yo me sentía mujer era en una esquina, con tanga, vestido."

Dos parecen ser las únicas opciones de vida de las travestis: casa/varón vs. calle/mujer y las valoraciones atribuidas a ambos pares son claramente diferentes. Al tiempo que la calle es el lugar que presenta a la travesti como mujer, pudiendo allí ejercer libremente este género, en la casa sólo le queda ser un varón disfrazado; esto es, una mujer que se viste, de manera artificial, de varón.

"(Cuando me fui de mi casa) me pasaba horas en el espejo, maquillándome, todo el día, la peluquería, todo el día en la peluquería arreglándome las uñas. Me gustaba mostrarme en la calle. Yo me vestía de mujer pero siempre pensando en salir a la calle, porque me gustaba que me vean. Pero no estar parada en una esquina, caminar me gustaba. Salía de mi casa y me caminaba todo el centro, la peatonal, hasta el parque San Martín donde empecé (a trabajar en prostitución). Salía de mi casa y me caminaba todo el centro, la peatonal. Diez mil veces me cambiaba y diez mil veces volvía y caminaba de un lado para otro. Si iba a comprar a la mañana, también me producía."

La calle es, definitivamente, el espacio privilegiado para la exhibición pública. Con un virtuosismo que asombraría al propio Goffman, el proceso de representación de sí mismas en el trabajo prostibular de las travestis las lleva a consagrar largas horas del día a una serie de actividades cuyo resultado expresivo será proyectado luego en la calle como espectáculo.

"(A diferencia de las mujeres en prostitución) Para nosotras, la prostitución no es sólo una necesidad, es un sueño también, somos muy histriónicas, la vemos como trabajo. Entonces, nosotras, suponete que salimos a las ocho de la noche. Desde las seis de la tarde estamos con el baño, el perfume, el maquillaje, el vestido, antes ya fuiste a comprarte la ropa. Vamos a trabajar, a ofrecer un espectáculo. Yo podría tener acá un listado de teléfonos, estar en bombacha y corpiño y que vengan y pase uno y otro y otro. Pero no nos satisface, nos satisface más salir, convencer, ir a conquistar al cliente, seducirlo."

Este tipo de testimonios conduce a pensar que, aun cuando la prostitución sea el único medio disponible a las travestis para procurarse dinero, es valorada también según un plus al que no se asocian razones económicas. Un sistema que las excluye y margina –no sólo económica, sino también simbólicamente– lleva a las travestis a construir su espacio prostibular como fuente de poder y de autoestima. La intervención de los clientes en dicho espacio puede explicar estos signos adicionales que tiene la prostitución para las travestis implicadas en esta investigación.

"Convencer al cliente de que te dio placer es un punto importante de respeto. Entonces, quiero que mi cliente me trate bien, que él se sienta bien, que haya algo más que una descarga sexual de su parte. Eso te enorgullece, te sentís respetada en ese punto. Porque durante todo el día, en toda tu cotidianeidad te sentís maltratada, entonces, esas horas a la noche son tu venganza, sentís que sos Susana Giménez y que se sacan el sombrero por vos, que te saludan y les gustás, porque no tenés un gramo más, porque tenés todo. Es como una fuente importantísima de autoestima. Yo, cuando salí a la calle a conocer un mundo, la travesti que me bautizó como M., me inculcó que yo al tipo le tengo que cobrar, porque no somos gay, no le vamos a pedir favores, no los vas a emborrachar para que ellos tengan la excusa de decir que están conmigo porque se emborracharon, no les vas a pagar porque ellos son los babosos que se arrastran a nuestros pies. Eso, en ese momento, es una fuente fuerte de autoestima. Aún el tipo que te lleva presa se está babeando por vos y querría cogerte en la celda. Es una revancha también. En nuestra minicultura es importante sentir que es una profesión y que vamos a ganar, sentirnos respetadas."

Pero también es fuente de poder acceder a la genitalidad masculina y, con ello, defenderse de posibles ataques provenientes de grupos de varones cuyos integrantes suelen ser todos clientes de las travestis: "Conocer el pene de un hombre lo convierte en tu esclavo. Su barrita te va a respetar siempre".

Todo hace pensar, entonces, que las motivaciones que las travestis encuentran en el ejercicio de la prostitución son tan fuertes como la exclusión social que las obliga a ella. Así como la calle es el único espacio social en el que se puede actuar la feminidad que se auto asignan las travestis –fuera de ella, el disfraz de varón– la prostitución callejera reúne algunas otras condiciones. Como señala Victoria Barreda (1995), en el mercado de los cuerpos la travesti se presenta como mujer espectáculo, el histrionismo que se auto adjudica encuentra su vehículo de libre expresión en la calle. Pero, además, en las relaciones clientelares, ese espectáculo se vuelve una fuente central de autoestima y de respeto posible para cada una de ellas. Esto, unido al reconocimiento económico que da el dinero obtenido en la transacción con el cliente, hace del travestismo prostibular una profesión, y diferencia a las travestis de las personas gays. Al tiempo que las travestis manifiestan implicarse solamente en intercambios sexuales en los que el cliente siempre debe pagar, atribuyen a los gays el uso de estrategias, como el consumo de alcohol, para obtener favores sexuales.

Tanto Prieur, como los trabajos de Perlongher (1993) y de Parker (1990), analizan con más profundidad las significativas diferencias que hay entre el travestismo prostibular y el de jóvenes varones. Según Prieur, a diferencia de las vestidas mexicanas, los jóvenes prostitutos –*miché*– de igual nacionalidad encuentran en la prostitución una entrada extra de dinero que se suma a la obtenida en otros trabajos. Asimismo, la extracción social de vestidas y miché es distinta en uno y otro caso: las primeras provienen de sectores más populares. En una dirección similar, Parker (1990) entiende que los miché pertenecen a una clase trabajadora que tiene mayor estabilidad social que la correspondiente a las travestis brasileras. El miché, afirma el antropólogo, vende sus servicios sexuales sólo esporádicamente. Por último, Perlongher (1993) distingue dos tipos de miché, uno ocasional, que se prostituye circunstancialmente y otro que llama profesional y que cumple jornadas intensivas de trabajo callejero. Cualquiera sea el caso, lo cierto es que las diferencias más notables entre travestismo prostibular y varones en prostitución residen no sólo en que el primero implica siempre intercambio sexual pago sino que, además, es valorado como fuente de autoestima y de poder.

Las diferencias vuelven a resaltar si en el lugar de los miché como actores del espacio prostibular ponemos a las mujeres en prostitución. Vimos hace un momento que para las travestis la prostitución no es únicamente una práctica que se restringe a atender una necesidad económica como lo es para las mujeres prostitutas. Para las primeras, la prostitución es un trabajo cuya profesionalidad no está subordinada a conseguir dinero. Para las segundas, en cambio, las obligaciones económico-familiares, con frecuencia vinculadas a la maternidad y/o el cuidado de menores a cargo, que no tienen las travestis, las conducen a ejercer la prostitución de manera diferente.

Pero también a diferencia del caso de las mujeres, la prostitución es para las travestis la oportunidad para la presentación de sí mismas y de su trabajo como espectáculo. Y el espectáculo se arma con un vestido y una apariencia física que son diferentes para mujeres y travestis en prostitución porque responden a modelos femeninos distintos.

"Las mujeres en prostitución no se visten como el estereotipo de una prostituta. El estereotipo de una prostituta son las travestis, que sería lo que vos tenés como imagen de prostituta. Las mujeres a veces están en la parada hasta con la bolsa de los mandados. Porque la mujer se crió con el estereotipo de una mujer y la travesti con el de prostituta."

Frente a la pregunta, en qué consisten ambos estereotipos, las travestis argumentan que, en virtud de haber sido expulsadas de sus familias a muy temprana edad, la imagen referencial de ellas es la prostituta o, en todo caso, una vedette que se conoce a través de los medios de comunicación o de espectáculos artísticos diversos. De manera contraria, las mujeres en prostitución han tenido a sus madres como fuente identitaria y esta diferencia da como resultado dos maneras diferentes de ver el mundo y de llevarlo a cuestas.

Una situación más de vida intervendrá en esta valoración diferencial que las travestis hacen de su práctica prostibular comparativamente a la de las mujeres en lo que a imágenes de unas y de otras se refiere. A diferencia de las mujeres en prostitución, las travestis invierten todos sus esfuerzos en el ritual de preparación, en proyectar en la calle los signos de una feminidad elegida pero que, a diferencia de las mujeres, no puede expresarse en otros sitios que no sean los vinculados al comercio sexual; feminidad, por otro lado, cuya fachada —o dotación expresiva— será armada con los signos disponibles en ese medio geográfico y generados tanto sobre la base del estereotipo de prostituta existente, como de otras travestis insertas ya en el trabajo prostibular.

Veamos ahora un poco más acerca del juego de espejos en el que se cruzan las interpretaciones que las travestis hacen respecto a cómo son vistas por sus clientes y aquellas otras que las distinguen de la prostitución femenina.

Los clientes

Una de las primeras actividades políticas que compartí con las organizaciones travestis transcurrió a finales del año 1998 y consistió en recorrer a altas horas de la noche las calles destinadas al comercio sexual en tres barrios de la Ciudad de Buenos Aires: Palermo Viejo, Flores y Constitución. La actividad se denominó patrullas nocturnas y tuvo dos objetivos[9]. Por un lado, recoger denuncias de violaciones policiales al Código de Convivencia, cuando éste ya había incorporado el Artículo 71 que reglamentaba

[9] El nombre *patrullas nocturnas* se debió a su carácter colectivo —las integrábamos un grupo conformado por travestis, feministas y activistas de derechos humanos— y al tipo de recorrido que se hacía: las caminatas cubrían la totalidad de las calles de la zona visitada, empezaban a las 12hs. de la noche y se prolongaban hasta el amanecer. Poco después de iniciada esta actividad y dado que el término patrulla es usado habitualmente por la policía en sus propios recorridos por la ciudad, el grupo empezó a autodenominarse *pandillas nocturnas*.

el ejercicio de la prostitución callejera. Por otro lado, hacer conocer a las travestis y mujeres en prostitución los alcances de dicho artículo. A través de charlas en las esquinas y del reparto de volantes, informábamos, por ejemplo, cuáles eran las situaciones en las que la policía podía intervenir y cómo podía hacerlo y cuáles eran, por el contrario, aquéllas que debían evitarse para que dicha intervención no se consumase[10]. En el transcurso de esta experiencia tomé mis primeras notas respecto a las relaciones de travestis y clientes en el contexto de oferta y demanda de sexo callejero; notas que luego incorporé bajo la forma de preguntas en las entrevistas y que estuvieron destinadas a conseguir las representaciones identitarias del colectivo en estudio cuando el sujeto de la interacción es el cliente.

Al leer mis notas un tiempo después de haberlas tomado, advertí que gran parte de ellas destacaban la dificultad que tuve en ver a los clientes de las travestis. A diferencia de los de las mujeres en prostitución, los clientes de las travestis no frecuentan los bares de la zona de comercio sexual, en su mayor parte se desplazan en autos que circulan por las calles más oscuras de la misma zona y se detienen en las paradas durante un lapso de tiempo muy breve. Seguramente ello se deba al menor grado de legitimidad social que tiene la "compra" de sexo travesti.

¿Quiénes son los clientes de las travestis? ¿Qué buscan en el intercambio sexual con ellas?

En primer lugar, no existen muchas zonas de prostitución compartidas por travestis y mujeres. Cuando ello ocurre –"zona *mix*", en el lenguaje de las primeras– la segregación de la actividad está dada por la franja horaria en que unas y otras la ejercen. Al tiempo que gran parte de

[10] Recordemos que una de las primeras modificaciones que sufrió el Código de Convivencia Urbana giró en torno al Artículo 71, que reglamentaba la prostitución valiéndose del eufemismo "alteración a la tranquilidad pública frente a viviendas, establecimientos educativos o templos, o su proximidad, con motivo u ocasión del ejercicio de la prostitución y como resultado de su concentración, de ruidos o perturbación al tránsito". Hasta entonces, las personas que violaban este artículo, a excepción de que no llevaran documentos identificatorios, no podían ser detenidas por la policía; ésta debía notificar a un fiscal. En el año 1999 se devolverá el poder a la policía y la prostitución será definitivamente prohibida.

las mujeres opta por salir a la calle en el transcurso del día, las travestis lo hacen más frecuentemente en horario nocturno. Los motivos que éstas últimas atribuyen a ello están vinculadas, por un lado, al tiempo que deben invertir en su arreglo personal, mayor que en el caso de las mujeres y, por otro lado, a las ventajas que proporciona la noche en lo que a apariencia física se refiere. A diferencia de la luz del día, la noche permite el ocultamiento de aspectos corporales tales como la barba o el excesivo maquillaje que pretende simularla.

Esta segregación horaria, anclada en el cuerpo travesti, impacta directamente en el tipo de clientes a los que ellas y mujeres acceden: cliente ocasional para estas últimas y decidido y preparado para consumir prostitución en el caso de las travestis.

"El cliente de la travesti no está de día. Son dos clientes distintos. El cliente de la mujer tiene estructurada su vida de otra manera. Es el típico oficinista, que sale a hacer un trámite, el funcionario que está trabajando y sale de su trabajo y consume la prostitución. Es el de 6 a 9 de la noche. En cambio, el cliente nocturno es el que sale a buscar la prostitución, en su mayoría travesti. El cliente diurno es el que pasaba por ahí, que iba a hacer un trámite y generalmente es para mujeres. En cambio, en la prostitución nocturna, ya hay una predisposición en el cliente e incluso hay cosas como el consumo de alcohol. El cliente que va a buscar travesti, va a buscar travesti, son mínimos los casos en que se comparte el cliente con una mujer."

Otra diferencia marcada entre el cliente de la travesti y el propio de las mujeres refiere al tipo de las relaciones personales que se establecen entre unos y otras. Las razones de esta distintiva situación pone en el centro de la escena, de manera comparativa, a mujeres y travestis, a sus formas de presentarse; pero también, de algún modo, a sus diferentes procesos de socialización temprana.

"La mujer prostituta se pone en el lugar del dolor, de la familiaridad, el sufrimiento, de contarle al tipo que sale a trabajar por sus hijos.

También es una forma de protegerse que tienen: la victimización. En la travesti se instala más la vanidad, la producción, tu cuerpo, el que sea una diva, el deslumbrar, a que esa sea su mejor noche, a que el tipo se crea que está con Claudia Schiffer. No hacemos lo de las mujeres, no contamos nuestra historia ni nada de eso. Es una relación más cruda, más instrumental porque va directamente al sexo. En las mujeres se apela más a la culpa y el tipo se siente el salvador, porque él también tiene culpa. El tipo limpia su culpa de estar con una puta, yo estoy ayudando a una pobre mujer. Creo que en el fondo eso pasa. Y muchas mujeres conservan sus mismos clientes por años, conocen la vida de ellos al dedillo y ellos las de ellas."

Mujeres que han desplazado, aunque relativamente, como lugar central de sus vidas la esfera doméstica y se han lanzado, por las razones que fueran, a un espacio público como el propio de la prostitución callejera, atravesado por la violencia y la condena, apelan en la intimidad de la relación con el cliente a estrategias propias de la construcción de lo femenino en nuestra sociedad. Este no es el caso de las travestis, para quienes el propio *glamour* las resguarda de todo posible conflicto con el cliente al tiempo que no mantienen con él relaciones prolongadas en el tiempo.

Con referencia a la orientación sexual de los clientes, las travestis, en ningún caso, consideran que quienes las demandan sean homosexuales; algunas los ven comprometidos en una bisexualidad que lejos de aceptarse como tal es encubierta por el hecho de que para estos clientes las travestis encarnan, al menos en la superficie, una imagen femenina.

Aunque muy raramente, relacionarse con una travesti puede "confundir" al cliente en lo que respecta a su preferencia sexual, pero no a ella. La imagen femenina de la travesti puede ser suficiente para que el cliente ponga a buen resguardo su heterosexualidad; no obstante, esto es una ficción que fácilmente se desvanece en el encuentro con el cuerpo travesti.

"Hay clientes que no asumen su porción de homosexualidad y, sin embargo, disfrutan siendo bisexuales, disfrutan con la mujer pero sienten la necesidad de explorar partes de su cuerpo, los pezones, el ano, y de hacer otras cuestiones que sabe que sólo puede hacerlo con la travesti sin que le digan vos sos homosexual, sos maricón."

Al tiempo que la apariencia femenina de las travestis permite al cliente presentarse a sí mismo como heterosexual, ella hace posible también el ejercicio de prácticas sexo-eróticas de las que estaría privado sin tal representación. El travestismo aparece entonces como una alternativa única para los clientes que, teniendo una práctica habitualmente heterosexual, encuentran en él la oportunidad de atender a una supuesta parte homosexual sin riesgos de ser tachados como tales. En la elección de las travestis para el intercambio sexual, ellas dicen descubrir el lado no heterosexual del cliente y, en la misma operación, dan cuenta de su propia genitalidad masculina.

"Los clientes me buscan porque tengo pene, porque tengo pene. Y ojo, no porque yo tenga pene todos quieren que yo los penetre. Muchas veces no es así."

Mientras que el sexo masculino de las travestis participa en la elección consciente que algunos clientes hacen de ellas y es razón para que las travestis les atribuyan a ellos la bisexualidad, muchas veces ese mismo sexo es independizado en el discurso travesti del compromiso que asuma en el intercambio sexual. Pero el travestismo prostibular no sólo es presentado como un espacio en el que los varones bisexuales encuentran un lugar donde dar rienda suelta a deseos homosexuales frecuentemente negados. También es un espacio para heterosexuales que buscan otro tipo de prácticas sexuales. En estas situaciones, ellos son quienes activamente practican la penetración anal, en el argumento travesti como alternativa a la "vaginal", obviando totalmente la genitalidad masculina de la travesti, "que no tocan ni siquiera miran".

En todo caso, el travestismo prostibular es construido en el discurso de sus practicantes como un ámbito en el que los cuerpos, el género y el sexo pueden ser combinados según el consumidor y sus gustos sexuales; combinación que, sin embargo, no hace olvidar a las travestis su genitalidad masculina a la hora de atribuir una determina orientación sexual a sus clientes. Dicha genitalidad participa en los intercambios sexuales como principio ordenador y nombra bisexuales a aquellos clientes que la buscan o con la que se relacionan, dejando la etiqueta de heterosexuales para los que tratan de negarla vinculándose en cambio con otras partes del cuerpo.

Ahora bien, el travestismo no solamente hace posible el acceso a diversas prácticas sexuales que comprometen la preferencia sexual esperada y que habilitan placeres corrientemente vedados, también la exhibición y la búsqueda de una escucha tienen su lugar. En estos casos, el cliente paga para "mostrarse" con una travesti en lugares públicos tales como restaurantes o calles no necesariamente de la zona de prostitución o para relatar su historia de vida, buscar consejos para sus problemas personales.

En estas peculiaridades que se auto atribuyen las travestis, ellas construyen a su público clientelar segregándolo del conjunto de quienes consumen prostitución: tienen por clientes a bisexuales no asumidos, a heterosexuales que buscan ocasionalmente prácticas sexuales no frecuentes en su vida cotidiana y a aquellos otros para quienes pasear con una travesti es fuente de algún tipo de reconocimiento social. Y esta segregación resalta aún más cuando se incorporan en el entramado de miradas y valoraciones otros de los actores del escenario prostibular: las mujeres en prostitución.

Confrontadas con éstas, las travestis combinan principios tales como la orientación sexual, el género y el comportamiento sexual, lo cual permite a los clientes un tipo de prácticas que les están negadas si quienes intervienen son las mujeres prostitutas[11].

"Los clientes buscan chicas activas. Los tipos, como son muy machistas, se traban con las mujeres. Por más putas que ellas sean, siempre son mujeres. No les va a decir: 'A mí también me gusta la pija' o 'prestame

---

[11] Según Fry (1992) el comportamiento sexual, como componente que interviene en la construcción de la identidad sexo-afectiva, es el esperado de determinada identidad. El acto de penetración o de ser penetrado en el acto sexual, define la actividad como correspondiente al género masculino y la pasividad como correspondiente al género femenino.

tu bombacha'. Hay tipos (de esos), pero no son la mayoría, ¿entendés? Con nosotras se animan más y se justifican ellos; para ellos, la imagen es de una mujer. No se bancarían que un chavón se los coja, pero sí que se los coja una travesti. Es travesti, no importa que sea tipo camionero, una espalda así de grande. Él va a decir: 'Yo te veo como chica'."

Nuevamente, la imagen femenina ligada a la prostitución que la travesti proporciona al cliente se halla comprometida en la elección; el cliente encuentra en dicha imagen una excusa para asumir un comportamiento sexual pasivo o incluso demandar actividad a las travestis. No obstante, participa también en esa misma elección, de manera comparativa, la imagen femenina de una mujer prostituta. La representación que de sí mismas hacen las travestis se halla marcada con signos de una libertad que el cliente no tomaría si el sujeto del intercambio sexual fuera una mujer; libertad que encuentra su fundamento en el "machismo" masculino. Si la imagen femenina de la travesti es razón suficiente para ser elegida en la calle, esta imagen está sin embargo dotada de contenidos diferenciales respecto a la de una mujer en situación de prostitución. La feminidad de la mujer prostituta funcionaría así, a los ojos del cliente, como una sobredeterminación "natural" de la que ella no podrá deshacerse en ninguna circunstancia. Aquella que se reservan para sí las travestis, por el contrario, por ser esencialmente representación y puesta en escena, opera como un artificio indisoluble de la práctica prostibular.

En el espacio de relación travesti/cliente, las representaciones identitarias de la primera se construyen sobre la base de diversos componentes, todos ellos combinados de manera múltiple. Por un lado, la imagen o apariencia femenina de las travestis convoca a clientes que, consciente o inconscientemente, buscan dar curso a la faceta homosexual que integra su presunta bisexualidad[12]. Pero esta homosexualidad es definida en com-

---

[12] En su trabajo sobre travestis en prostitución realizado en Salvador, Brasil, Andrea Cornwall (1994) señala algo similar. Dice que la apariencia femenina de la travesti así como su asociación con una femineidad idealizada enmascara el deseo homoerótico del cliente.

binación con el sexo masculino del cuerpo travesti. De hecho, las travestis que participaron en esta investigación parecen atribuir un componente homosexual a aquellos clientes que se vinculan con ellas para explorar ciertas partes de sus cuerpos que sólo pueden ser atendidas por una travesti en virtud de sus atributos biológicos masculinos; clientes que encuentran en la imagen femenina, específicamente construida por la travesti, las condiciones para la realización libre de impulsos homo eróticos. Si, por otro lado, el cliente niega toda relación con la genitalidad masculina, entonces, la palabra elegida para ellos es heterosexual. Como ya señalé, esa imagen femenina que atrae a cierto tipo de clientes no es la misma que la de las mujeres en prostitución. Los atributos de la imagen femenina travesti están marcados por las cualidades propias al estereotipo social asociado a las prostitutas. Si un estereotipo es un conjunto de operaciones a partir de las cuales se toman unas pocas características de una determinada población –*operación de simplificación*– y se extienden al conjunto de la misma –*operación de generalización*–, entonces el estereotipo correspondiente a las mujeres prostitutas encuentra su expresión más fiel en las travestis en prostitución (Prieswerk y Perrot, 1979).

Indagando aún más sobre las diferencias que las travestis manifiestan tener respecto a las mujeres en prostitución, siempre desde la perspectiva que las primeras atribuyen al cliente, podemos decir que el cuerpo travesti atrae especialmente por llevar simultáneamente signos femeninos y masculinos.

"Un hombre de calle es activo y es pasivo, por eso buscan a una travesti y no a una mujer, porque nosotras podemos ser las dos cosas A veces los clientes se creen que soy mujer y cuando se dan cuenta, algunos se ponen histéricos, se trauman porque te confundieron. Pero la mayoría de los que te hacen subir pensando que sos mujer, igual se quedan con la travesti, porque, en realidad, les gusta estar con una parte femenina y una masculina, como somos nosotras."

Aun cuando el cliente "descubre" que la imagen y el cuerpo travesti no se corresponden, elige quedarse con ese cuerpo precisamente por sus dobles atributos sexuales y por la posibilidad que ellos ofrecen de asumir tanto un comportamiento sexual activo como uno pasivo.

Mientras el género con que se presentan las travestis en el ámbito prostibular es femenino, las representaciones que atribuyen a su cuerpo son plurivocales: en ocasiones, ese cuerpo es presentado en sus rasgos biológicos masculinos (frente a clientes bisexuales); en otras es construido haciendo eje en partes que no son exclusivamente propias de un varón biológico (frente a clientes heterosexuales); finalmente, el cuerpo travesti reivindica una configuración en la que conviven la biología femenina y masculina.

No sólo esta pluralidad de combinaciones entre sexo y género, disponibles a las travestis, atrae a los clientes de manera diferencial con respecto a las mujeres; travestis y clientes parecen compartir esquemas de percepción y evaluación erótica de los que están excluidas, otra vez, las mujeres. Estos esquemas están dados por un presunto conocimiento, garantizado por la naturaleza, sobre el funcionamiento anatómico de la sexualidad.

"Yo creo que somos mejor en el sexo, los tipos dicen así. Al tipo le gusta, sabe cuando nos calentamos, comparten algo. De las mujeres no saben cuando se están excitando, en cambio de nosotras sí saben. Saben cuando estamos excitadas y al tipo le gusta eso, que nos excitemos."

La búsqueda de experiencias desconocidas también es una de las razones de la preferencia. Dado que las mujeres son "más accesibles" a los varones en la vida cotidiana, las travestis atribuyen a sus clientes la fantasía de querer probar sexo, alguna vez, con ellas.

Si en el discurso del colectivo travesti en estudio las representaciones que de sí mismo hace dicho colectivo se presentan como un rompecabezas formado de piezas que hablan de género y de sexo de manera diversa y plural, dichas representaciones se vuelven más complejas con la incorporación de un nuevo elemento: el comportamiento sexual.

"Poniéndome en el lugar de la otra persona (el cliente), el hombre puede ver una mujer espectacular o una mujer con pene, o puede ver un hombre con tetas. Puede ver una mujer espectacular, tipo Moria Casán, está el cliente que ve una mujer con tetas y es activo. Si ve una mujer con pene, también. De las dos formas, se relaciona con el pene. Pero si ve un hombre con tetas, es pasivo."

La mirada de los clientes, a la luz de la interpretación que las travestis hacen de la misma, recorre el cuerpo de la travesti en dos de sus partes: "pene" y "tetas". En ese recorrido, ellas se presentan tanto como mujeres o como varones sin interesar la contigüidad que ambos géneros guarden con su sexo –o genitalidad– femenino o masculino. En otras palabras, si el género objeto de la mirada clientelar es femenino, independientemente del sexo o la genitalidad del sujeto que lo encarne, el cliente escogerá como instrumento corporal con el que establecer la relación sexo-erótica su propio pene y demandará pasividad a la travesti. A la inversa, si el género atribuido a la travesti es masculino, aun cuando el cuerpo travesti exhiba pechos femeninos, el cliente abandonará su pene como órgano de la relación sexual y solicitará actividad sexual a la travesti. En otros términos, el género se impone sobre el sexo travesti con total independencia de las evidencias corporales: siempre que el cliente vea en la travesti una mujer, la requerirá pasiva y toda vez que vea en ella un varón, le demandará un rol activo.

Algunas investigaciones sobre travestismo prostibular han encontrado en este comportamiento sexual un argumento para definir al primero como una práctica cultural que refuerza alguno de los géneros vigentes. Así por ejemplo, cuando dicho comportamiento es activo estaríamos en presencia de representaciones identitarias claramente masculinas. No obstante, me gustaría hacer algunas anotaciones al respecto y me acompañaré para ello, otra vez, de la voz de las travestis implicadas en este estudio.

"La pasividad o actividad depende. Un cliente puede ser activo en el auto, cuando te levanta. Y después vas al hotel y es pasivo. Muchas veces hablamos entre nosotras y el mismo cliente que con una fue pasivo con la otra es activo o las dos cosas, ¿viste?"

Esta combinación de pasividad/actividad es identificada por algunas travestis con un requisito laboral que, en ocasiones, las obliga a recurrir a diferentes prácticas, todas orientadas a simular conformidad con el comportamiento requerido. En este sentido, es el cliente quien habitualmente impone el tipo de comportamiento que asumirá la travesti, quien, por otro lado, puede responder tanto activamente como de manera pasiva.

Ahora bien, aun cuando la mayoría de las travestis atribuyen el carácter activo o pasivo de su rol en el intercambio sexual a la imagen construida por el cliente, en algunos casos son ellas mismas quienes definen de antemano cómo quieren ser vistas y cuál será su comportamiento sexual.

"Los berretines que tuve de mujer fueron siempre esos, que los que se acostaran conmigo no me pidieran el vuelto. Que no me pidieran que los penetrara, que existe mucho ahora. Hay muchas travestis que penetran a los clientes. Yo no, en mis años, jamás voy a permitir que me toquen adelante."

Las representaciones de género intervienen en estas construcciones sobre la pasividad y actividad sexual y lo hacen sobre la base de un estereotipo según el cual ser mirada como mujer (sea mujer a secas o mujer con pene) implica ser requerida como pasiva, mientras que ser mirada como varón (varón con pechos femeninos) remite a la actividad. Como señala Parker (1999), en el marco del sistema cultural tradicional brasileño –que equiparo con el argentino– las interpretaciones acerca de la naturaleza de las interacciones sexuales difícilmente puedan separarse de la construcción social del género. El cuerpo mismo, especialmente cuando está implicado en el sexo, llega a ser el material crudo para la construcción y reconstrucción del género.

Ahora bien, aun cuando pudiéramos afirmar que efectivamente estamos ante la evidencia de un comportamiento sexual generizado, ¿se deduce de ello que un atributo del género masculino es, por ejemplo, el rol sexual activo? Entiendo que responder a esta ecuación de manera afirmativa es tomar a las travestis como sujetos libres de toda interacción social. Si, de manera contraria, ubicamos las prácticas y posiciones asumidas por las travestis en un espacio de relaciones –un *campo*, en términos de Pierre Bourdieu (1995)– con los clientes, atravesado por fuerzas que producen efectos en las mismas travestis y dentro del cual éstas buscan producirlos, entonces, dicho rol sexual activo no socava la identidad de género elegida por el grupo en estudio. Una cosa es hablar de comportamiento sexual generizado y otra muy diferente definir un género como masculino o femenino según el comportamiento sexual escogido y/o requerido y desplegado. Y esto lo saben muy bien las travestis, quienes, en todo caso, se presentan ante los clientes haciendo gala de atributos corporales que permiten tanto pasividad como actividad.

Auto construidas a través de la mirada de los clientes, las travestis se presentan con ofertas sexuales de una pluralidad que ninguna mujer –en razón de su sexo pero, sobre todo, en razón de su género– podría igualar. La alternancia entre pasividad y actividad, aun cuando se trate de roles generizados, es una capacidad que sólo pueden practicar las travestis. Por otra parte, que los clientes se relacionen sexualmente con ellas como mujeres otorga a las travestis un contenido identitario exclusivo o, cuanto menos, de muy difícil acceso a las mujeres: ser prostituta. Travestis y clientes se encuentran en un territorio erótico común del que están excluidas las mujeres en prostitución, un *habitus* generizado reúne a ambos en el mercado de los cuerpos y los deseos.

La imagen femenina adoptada por las travestis interviene en la instancia de elección que de ellas hacen los clientes pero, una vez efectuada dicha elección, el sexo y la sexualidad practicada entre unas y otros se independizan de la imagen en cuestión. Paralelamente, la posesión del pene no es vinculada a los atributos del género masculino sino de manera contingente. Por otro lado, el género participa también en los comportamientos sexuales activo y pasivo. Ya sea éste elegido por las mismas travestis o atribuido por ellas a la mirada del cliente, en ambos casos se trata de una participación que está sujeta al sitio corporal "mirado". En tal sentido, más que esforzarme en pensar si dichos comportamientos refuerzan o no los dos géneros existentes, me interesa señalar que en el marco de la práctica prostibular la identidad travesti se presenta –ni varón, ni mujer– encarnada en un cuerpo de varón y de mujer que actuará generizado: femenino o masculino, activo o pasivo, según situaciones de interacción concretas y según los escenarios en donde esté inscripto, pero siempre rompiendo la relación mimética que, en el sistema occidental binario, guarda el género con el sexo.

Antes de terminar con este entramado de miradas a partir del cual las travestis se presentan a sí mismas en un espacio de relación como lo es el mercado de los cuerpos y los deseos, querría hacer una observación respecto al carácter histórico que tiene dicha presentación. Desde una perspectiva bourdieusana es preciso advertir que las posiciones tomadas por los/as actores sociales con relación a otros/as, en este caso, del escenario prostibular, las categorías corporales usadas para definir los diversos tipos de intercambio sexual, así como los atributos que las travestis se auto asignan –ya sea en razón de su cuerpo, de su comportamiento sexual o de su imagen femenina tan minuciosamente ajustada al ámbito prostibular–, no son sino producto de un devenir histórico que fue siendo incorporado por las sujetos travestis y que define hoy los horizontes de posibilidad dentro de los cuales sus prácticas se estructuran.

"Al principio, cuando la travesti se hizo vedette, se usaba mucho que la travesti fuera vedette y los hombres buscaban porque el hombre no podía pagar a una prostituta vedette o a una vedette como Moria Casán, una Susana Giménez, una Nélida Lobato, que tenía la cintura chica y mucha cola. Entonces, tenían sexo, activo en el hombre, sin tocarle el pene, tenías que pasar por mujer y no mostrarle tu pene o sacarte la tanga. Hoy por hoy, el hombre fue evolucionando su sexualidad. Le fue gustando la travesti tal cual es. La travesti vedette no era activa, es más, se hormonizaba tanto que no tenía erección. Hoy por hoy, si estás hormonizada no servís."

En términos similares se refería una joven travesti cuando me contaba que recién llegada a Buenos Aires había comenzado a trabajar en la calle y a poco andar había advertido que si quería ganar dinero, debía abandonar el consumo de hormonas. Cuando los posibles clientes se acercaban a ella le pedían que mostrara sus genitales y dado que las hormonas los habían desprovisto de la vitalidad requerida por el cliente, éste se alejaba. Quiero señalar con esto que la subjetividad travesti no es un abstracto construido libre de toda determinación histórica; por el contrario, ella se construye puesta a actuar en el marco de relaciones sociales e históricas concretas en las que la confrontación, el rechazo y la aceptación intervienen diariamente. Tal como señala Andrea Cornwall (1994), definir a las travestis como varones en virtud de algún estado original o en razón de tener pene es problemático. Las travestis tienen cuerpo de varón y de mujer y su sexo y su género no son algo que pueda ser definido según categorías pre-establecidas.

Capítulo 4

Travestismo y espacio público

Travestismo y Movimiento Gay, Lésbico, Travesti, Transexual y Bisexual

> El principio de nuestra lucha es el deseo de todas las libertades.
> (Carlos Jáuregui, activista gay muerto en 1995)

El proceso de organización de las travestis es relativamente reciente si lo comparamos con el de otros grupos socio-sexuales como los de gays y lesbianas. En los años sesenta y setenta, algunas agrupaciones gays contaban ya con órganos de comunicación propios, aunque de circulación restringida, y en la década del ochenta, es otorgada por primera vez en el país la personería jurídica a una agrupación gay[1]. Las asociaciones de mujeres lesbianas, muchas de las cuales empiezan su experiencia organizativa desde el interior del movimiento feminista, hacen su primera aparición pública en el año 1987[2].

---

[1] Según lo registra Jorge Salessi (1995), en mayo de 1984 la Comunidad Homosexual Argentina (CHA), fundada en abril de ese mismo año, publicó en un periódico de amplia distribución una solicitada en la que se exigía la derogación de leyes y edictos policiales que atentaban contra las libertades individuales de las personas homosexuales. Cinco años después la misma organización gay solicitará su reconocimiento jurídico, que les es negado por la Suprema Corte de Justicia y que finalmente otorgará el por entonces Presidente de la Nación a fines del mismo año.

[2] Si bien desde comienzos de los años ochenta existían en el país grupos de estudio y de reflexión de lesbianas feministas, es el 8 de marzo de 1987, en conmemoración del

Paradójicamente, se trata de una década que encuentra a la sociedad civil argentina desmovilizada, con organizaciones débiles o fracturadas. Los movimientos sociales que en la década anterior, con la apertura democrática, habían tenido una importante capacidad de oposición y resistencia en distintos frentes sociales, políticos y económicos, empiezan a desdibujarse. La participación ciudadana en la protesta y el reclamo disminuye notablemente en estos años en los que, vinculado a gays y lesbianas, el travestismo comienza a organizarse. El primer grupo que lo hace es la Asociación de Travestis Argentinas (ATA), formada en el año 1991. Al poco tiempo, como resultado de diferencias internas, ATA se divide y quedan constituidas otras dos: Organización de Travestis y Transexuales de la República Argentina (OTTRA) y Asociación de Lucha por la Identidad Travesti y Transexual (ALITT).

El hito fundacional

A los fines de enfrentar una denuncia vecinal por prostitución, un conjunto de travestis se acerca a la asociación Gays por los Derechos Civiles, que acepta asumir la defensa legal del caso. En el proceso de interacción con este grupo, las travestis aprenden los primeros pasos para auto-organizarse y se constituye ATA. A poco andar, surgen las primeras diferencias en el interior de esta organización respecto a si las travesis debían o no aceptar la práctica prostibular. Para algunas, no debía ser defendida desde una perspectiva institucional; para otras, negar la prostitución en el colectivo travesti era poco menos que una mentira:

"Nosotras nos separamos porque pensábamos distinto. Yo no estaba a favor de la prostitución, ni la defiendo, la apoyo como forma de vida de la persona que la quiere elegir. N. estaba a favor de la prostitución, la defendía y enarbolaba la bandera de la prostitución y L. quedaba en el medio, en el sentido de que defendía las dos posiciones. Sobre esta base,

Día Internacional de la Mujer, cuando un grupo de más de cincuenta mujeres se presentan en un acto público como lesbianas y distribuyen ejemplares de sus publicaciones.

N. forma OTTRA (Organización de Travestis y Transexuales de la República Argentina) para las chicas que estaban en Palermo en prostitución. Al tiempo, L. forma ALITT (Asociación de Lucha por la Identidad Travesti y Transexual), para que nuestra identidad pueda estar de cualquier forma, incluso como prostitutas. Eran tres formas de pensar".

Quienes fundaron OTTRA, recuerdan ese evento de la siguiente manera:

"Hay una escisión de ATA, N. quería sincerarse con relación a la prostitución. Porque ATA, como los gays, querían ir consiguiendo cosas de a poco, primero que nos acepten como gay, después como transexual, después como travestis y no tocar el tema de la prostitución, que a nosotras nos parecía insoslayable. Era insoslayable decir que éramos prostitutas. ATA pretendía engañar a la sociedad, decir que éramos transformistas, peluqueras, cualquier cosa".

Una dirigente de ALITT cuenta cómo su organización comenzó a preocuparse por el tema de la identidad.

"Nosotras no queríamos que todas las *mariconas* sean peluqueras y reivindicamos la prostitución para quien quiera ejercerla. Pero a lo que nuestro grupo apuntaba, y apunta, es a lo que es el mayor rollo para nosotras: la identidad. Yo me creí durante mucho tiempo, porque así me veían mi papá y mi mamá, como una especie de monstruo. Entonces, me parecía importante trabajar entre nosotras estas cosas que tanto daño nos han hecho."

En el mismo momento en que inician las organizaciones, las travestis se encuentran discutiendo distintas maneras de ser reconocidas en su identidad. Sin duda, la visibilización como prostitutas es uno de los ejes de la disputa que ellas mantienen en el interior de sus grupos. No obstante, al tiempo que para algunas el camino a transitar en el proceso de aceptación social tiene como punto de partida el transformismo, siendo la llegada final el travestismo y la parada intermedia el transexualismo, para otras esta propuesta constituye un engaño en la misma medida en que lo es negar la prostitución. Un proyecto diferente tienen las terceras, quienes advierten la necesidad de interrogarse sobre una identidad situada socialmente del lado de lo abyecto, interrogación que no busca directamente la aceptación por parte de la sociedad sino por parte de ellas mismas. Haber sido construidas como "monstruos" en el ámbito familiar, requiere una tarea que las travestis tienen que cumplir consigo mismas. La propuesta que encaran parece ser impugnar la violencia simbólica, interpelar a aquellos esquemas dominantes que las han conducido a auto percibirse y apreciarse según una imagen desvalorizada, adhiriendo de esta manera a la mirada del sistema de dominación (Bourdieu, 1999).

El impacto que en las vidas personales ha tenido la participación organizada de las travestis es un aspecto que merece ser destacado. En la gran mayoría de los casos, esos espacios colectivos constituyeron ámbitos en los que compartir experiencias y, en el descubrimiento de las similitudes, conseguir alivio al sufrimiento. Pero también las asociaciones son valoradas como lugares en los que se reconocen los derechos y en los que pueden derribarse ideas erróneas respecto a la identidad travesti, aquéllas en las que, según Bourdieu, y lo ilustra el siguiente testimonio, el punto de vista de la clase dominada es el punto de vista de la clase dominante:

"Crecí mucho como persona (militando), sentirme más allá del maltrato personal, aprendí a que yo era muy superior a ellos. Antes, yo no sabía si tenía razón o no. Hoy sé que el otro está abusando y lo hace deliberadamente, que está cometiendo un crimen y lo hace conscientemente. Y la satisfacción más son mis amigas, sentirnos orgullosas de lo que somos, caminar libremente, con la frente en alto, aprender a que no hay que salir a pelear a la calle, que hay que salir a convencer, a dialogar, que tenemos derecho a disfrutar el sol, la playa y todos los espacios, que cada vez nos plantamos más frente a cualquiera que nos maltrate, que cada vez volteamos más el mito de la travesti violenta, marginal, delincuente. Es un mito, pero la travesti que salía de mujer a la calle y con el pelo rubio, si no iba a pelear la iban a matar. Entonces, tenía que saber pelear, y no con un hombre o con dos, frente a seis o siete machos y, además, tenía que salir ilesa. Ahora tenemos otras armas para sobrevivir, sabemos pedir ayuda. Cada vez que la travesti tiene problemas, hay más gente dispuesta a ayudarla. Esto es lo que pudimos empezar a cambiar desde las organizaciones nuestras. Yo no veré el cambio total, pero sí las chicas más chicas, para eso trabajamos".

Las organizaciones constituyen una oportunidad que permite a las travestis explicarse un pasado en el que la violencia y el delito formaban parte de su auto imagen. A través de ellas se relacionan con otros grupos y personas cuya solidaridad y compromiso se presentan como las "nuevas armas" con las que hacen frente a sus vidas y esto contribuye, a su vez, a la erradicación de aquellas imágenes que las sujetaban al crimen. Desplazado como atributo identitario gracias al activismo, el crimen es, ahora, puesto fuera de ellas.

También a través de las organizaciones, las travestis consiguen la aceptación de un cuerpo que subvierte el orden natural y genera problemas. En este caso, refiere una de ellas, la participación en espacios colectivos le permitió deshacerse de un discurso para el que su cuerpo es un cuerpo "despreciable".

"Lo más bello que me pasó en mi vida fue gracias a ALITT, fue el día que hice la paz con mi cuerpo Cuando me miré al espejo y dije: L. tiene tetas, tiene pija, es gordita, esto es y se van al carajo."

La reflexión iniciada en las organizaciones no las convertirá en grupos terapéuticos destinados a trabajar problemas de autoestima; por el contrario, se proyectan políticamente y son valoradas por sus integrantes como espacios de lucha y confrontación con una sociedad que las priva de sus derechos más elementales. Explica una participante de OTTRA:

"Para mí, estar en OTTRA es como luchar por lo que soy, poder caminar libremente por las calles, tener derecho a hacer lo que quiera de mi vida, porque es mía. Pero a mí me encantaría que nosotras podamos tener un centro cultural, un centro de estudios, que no tengamos que estar hablando siempre de prostitución y de calle, sino hablar de estudio. Pero hoy por hoy, no podemos luchar por eso cuando ni siquiera nos dejan caminar. Primero tengo que pelear porque nos dejen caminar y ser libres, para después tener otros objetivos. Yo no puedo creer todo lo que hemos logrado en estos años".

Aún con diferencias entre ellas, las organizaciones travestis tienen un proyecto común por el que luchar, en su interior colectivizan preocupaciones y encuentran nuevos mundos. En la pluralidad de diálogos que a través de la experiencia organizativa establecen entre sí y con otros grupos y personas, inauguran procesos de auto reconocimiento que les permiten alejarse de aquellos modelos donde crecieron y que valoran hoy como dañinos. En el camino, las propiedades que les incumbían en un momento del pasado y que estaban determinadas por la posición que se les asignaba en diversos espacios sociales, son puestas en cuestión gracias al advenimiento de nuevas prácticas y nuevos bienes simbólicos.

Menos augurios positivos trajo la voz travesti cuando indagué sobre sus relaciones con el MGLTT y B. Aun cuando las organizaciones travestis nacen de la mano de las asociaciones gays, las relaciones entre unas y otras no fueron al comienzo muy pacíficas. En el relato de una entrevistada, el proceso de reconocimiento de las travestis por parte de los gays llevó un tiempo, en el transcurso del cual éstos debieron vencer su rechazo al travestismo:

"Cuando nosotras empezamos con el Movimiento Gay Lésbico, fueron pocas las organizaciones que nos acompañaban, había mucha travestofobia. Hoy mismo, muchos gays no van a las marchas del orgullo porque estamos nosotras. Nos siguen considerando varones. Siguen frivolizando la situación nuestra".

Este rechazo al travestismo es recordado como más pronunciado cuando se trata de las mujeres lesbofeministas:

"Para entonces (1993) éramos rechazadas por las lesbianas. Decían que éramos varones. Ya por entonces estábamos peleando para que pusieran la palabra travesti en la marcha, que era sólo gay lésbica. Decían las lesbianas que agradeciéramos que nos dejaran participar y yo les contesté que lamentaba mucho ser discriminada por un grupo de discriminadas. Esta frase hizo que una parte de los gays se pusieran de nuestro lado y las lesbianas y los otros gays se quedaron del otro lado. Si te fijás en las notas periodísticas de esa época, dicen que convocan a la III Marcha del Orgullo Gay Lésbico y abajo, en miniatura, dice: gays, lesbianas, travestis, transexuales y bisexuales. El acuerdo era otro, pero lo cambiaron a la hora de hacer los volantes, lo pusieron chiquitito. El volante era largo y abajo había un cuadrado en blanco que decía 'Auspicia…', por si alguien quería auspiciar. Entonces, nosotras nos compramos un sello y se lo pusimos en ese lugar y esos fueron los volantes que nosotras distribuimos. En la cuarta marcha ya estábamos dispuestas a pelear, pero pasa lo mismo que en la tercera, cambian los volantes a último momento. Pero tuvimos en la marcha un acto de presencia más grande todavía que antes, ya con lentejuelas y plumas, y en los medios aparecían en los títulos 'Marcha de travestis', 'Travestis en la calle', 'Colorido travesti', etc. En la quinta marcha ya aceptaron llamarla marcha del orgullo gay, lésbico, travesti y transexual. Y había que poner a las lesbianas adelante porque eran las que estaban invisibilizadas, entonces la marcha se llamó lésbico, gay, travesti y transexual".

Gays y lesbianas asignan a las travestis una identidad masculina a la que estas últimas se oponen sin por ello renunciar al espacio que consideran les corresponde en el movimiento de diversidad sexual. Incorporar la palabra con la que ellas se nombran es la primera apuesta de la lucha política que el travestismo debe encarar en sus relaciones con gays y lesbianas para ganar visibilidad como travestis. Antes de que esta visibilidad fuera totalmente reconocida en el interior del mismo movimiento, los medios se la otorgan en la IV Marcha del Orgullo GLTT y B, adonde la participación de gays y lesbianas queda eclipsada por la correspondiente a las travestis. La estrategia de presentación de sí escogida por el grupo en estudio, "lentejuelas y plumas", se impone en ese momento por encima de toda discusión sobre los géneros.

No obstante, el combate por la aceptación de las lesbianas llevó todavía más años, más exámenes tendrían que dar las travestis para que las lesbianas las consideraran parte del, por entonces, Movimiento Gay Lésbico y no sólo un grupo habilitado a participar exclusivamente en ocasión de las marchas anuales. De la siguiente manera lo reseña una travesti:

"A las lesbianas, nosotras las conquistamos en el primer encuentro nacional que se hizo en Rosario, después del taller que hicimos, se levantaron algunas lesbianas y nos pidieron disculpas por el rechazo que tenían por nosotras. El taller se llamaba "Una noche en la comisaría", pintaba una situación que era cotidiana para nosotras, el maltrato policial. Era fuerte. Cuando las lesbianas engancharon nuestra historia, nuestra vida, ahí fue cuando nos aceptaron más. Pero yo creo que el feminismo todavía sigue pensando que sólo hay varones y mujeres y, para muchas feministas, somos varones, por eso no nos aceptan".

Hoy el travestismo está integrado al MGLTT y B y sus relaciones más fuertes dentro del Movimiento son con las organizaciones gays. Los vínculos con las mujeres lesbianas presentan más dificultades y casi siempre son individuales; con el activismo feminista son aún más problemáticos. Sin embargo, las alianzas están construidas y tanto algunas feministas como algunos gays y lesbianas, acompañan a las travestis en sus luchas y reclamos.

Las marchas del orgullo gay, lésbico, travesti, transexual y bisexual

Las marchas que celebran el orgullo gay, lésbico, travesti, transexual y bisexual tienen su antecedente en el año 1991. El mes elegido para su realización es noviembre, en conmemoración de la fecha en que se puso en circulación en Argentina y América Latina el primer medio de prensa del sector. Fue un 1° de noviembre de 1967 cuando apareció la revista *Nuestro Mundo*[3].

---

[3] Como en otros países, también el 28 de junio se recuerda en Argentina la feroz represión policial en una *boite* gay, ocurrida en 1969 en la ciudad de Nueva York. Sin

Los preparativos de la marcha de noviembre comienzan unos cuantos meses antes de la fecha de su celebración, la cual es precedida por una serie de actividades abiertas a la sociedad, englobadas todas en lo que se llama la *Semana del Orgullo GLTT y B*. Desde hace unos años, en el curso de esta semana los/as organizadores/as levantan un mural en las plazas céntricas de la ciudad en el que denuncian, con fotos y frases alusivas, a los/as personajes que, a lo largo del año, han mostrado gestos discriminatorios hacia la comunidad GLTT y B[4]. Se realizan, además, talleres, conferencias y reuniones, también abiertos a la sociedad, que tienen por objetivo mostrar las condiciones de vida de los diferentes grupos, dar a conocer sus reivindicaciones y estrechar alianzas con otros sectores. Las marchas son habitualmente autofinanciadas, en unas pocas ocasiones las comisiones organizadoras han recibido recursos externos. La convocatoria a las marchas se realiza en el transcurso de la *Semana* con la distribución callejera de volantes, pegatinas de afiches y las conocidas "batucadas" en esquinas de gran circulación de transeúntes.

El número de participantes a estas marchas ha aumentado considerablemente en los casi diez años que llevan. De apenas un centenar

embargo, se trata de una celebración comparativamente menor a la de noviembre: se envían boletines a los medios de prensa donde se difunden en la sociedad proclamas que hablan de la situación de la comunidad GLTT y B en Argentina.

[4] En el año 1999, por ejemplo, las figuras del panel fueron el por entonces Jefe de Gobierno de la Ciudad de Buenos Aires, Fernando de la Rúa, "por no incluirnos en la ley antidiscriminatoria y por ser uno de los impulsores del Artículo 71 dictado por la Legislatura de la Ciudad de Buenos Aires"; el hoy ex presidente Carlos S. Menem, "por estos diez años de violaciones de los derechos humanos, hambre y de desempleo"; personajes de la jerarquía eclesiástica católica, "por pedir perdón a Pinochet y condenar a lesbianas, gays, travestis, transexuales y bisexuales"; Ruckauf, Pati y Rico, por entonces Vicepresidente de la Nación, Intendente de una localidad del Conurbano Bonaerense y militar comprometido en la última dictadura respectivamente, "por su política fascista, represiva y homofóbica, por hacer apología del terrorismo de Estado"; la policía, "por ser el ejecutor constante de las políticas represivas de esta seudo democracia, arrestando, matando y torturando a travestis, transexuales, bisexuales, gays y lesbianas"; a Balza, por entonces Jefe de las Fuerzas Armadas, "por la absurda idea de pensar que queremos ser asesinos como ellos".

de personas que asistieron en el año 1991, se registraron más de dos mil en 1999.

Preparación de la VIII Marcha del Orgullo GLTT y B

Las marchas del orgullo comienzan a prepararse con varios meses de anticipación a través de reuniones de trabajo semanales abiertas al conjunto de la comunidad gay, lésbica, travesti, transexual y bisexual. Sus miembros pueden optar por intervenir a través de sus organizaciones o hacerlo de manera independiente[5]. De manera habitual, los encuentros preparativos comienzan con una orden del día, cuyos temas se discuten y aprueban por consenso, metodología estimada como más democrática y más propicia al debate que la simple votación. En ocasión de la VIII Marcha del Orgullo GLTT y B, correspondiente al año 1999, los principales debates giraron en torno a la obtención de recursos, la definición de la consigna convocante a la marcha, el lugar a ocupar por cada uno de los grupos en la misma, la selección de actividades para la *Semana del Orgullo GLTT y B* y el tipo de discursos a leer durante la celebración.

La evaluación de las posibles fuentes de apoyo económico se concentró en dos actores. Por un lado, se analizaron las implicancias y costos políticos que para el MGLTT y B podía tener usar recursos externos a la organización, sobre todo aquellos provenientes del Gobierno de la Ciudad de Buenos Aires, cuya posición en el debate sobre el Código de Convivencia Urbana había sido poco feliz para la comunidad GLTT y B. Por otro lado, se discutió el rol de bares gay que habían apoyado marchas anteriores con dinero y equipos de audio pero que manifestaban un claro y explícito rechazo hacia travestis y transexuales.

[5] Para la organización de la VIII Marcha participaron las tres asociaciones travestis, ATA, OTTRA y ALITT; la Agrupación de Activistas contra la Marginación y la Opresión Sexual y Social (AgAMOS); una asociación de lesbianas denominada La Fulana: Un lugar para mujeres que aman a mujeres; la Comunidad Homosexual Argentina (CHA) y personas no enroladas en ninguna organización. La presencia de transexuales fue prácticamente nula y no hubo, ese año, participación organizada de bisexuales.

Con respecto al Gobierno de la Ciudad de Buenos Aires, a quien se solicitaría escenario y sonido, la mayoría de las/os participantes, con excepción de las travestis, señalaron que sólo era necesario explicar los motivos del pedido y que, una vez realizado esto, el Gobierno no impondría condicionamientos de ningún tipo. Las travestis, por su parte, enfatizaron el derecho ciudadano a usar los recursos públicos sin que para su ejercicio debieran mediar argumentaciones de ningún tipo.

"No hay que dar ninguna explicación, tomamos lo que nos corresponde y listo. El palco no tiene porqué tener algún cartel que diga 'municipalidad', si lo tiene, lo volamos. Yo digo que no nos quedemos horas discutiendo esto, avancemos" (OTTRA).

Con igual convicción, ellas manifiestan su negativa a recibir apoyo económico de aquellos bares y lugares de baile gays que discriminan manifiestamente a travestis.

"Que XX ni sueñe con que nos va a usar para hacer su negocio en la marcha. Desde ya les digo que si XX va, las travestis nos retiramos de la organización. ¡Seamos un poco coherentes, che! Si van, no podemos echarlos pero por lo menos no les pidamos. Lo que sí podemos hacer es aclarar que los únicos carteles que pueden estar son los de la marcha y el sonido también. Después nos meten un equipo así (de grande) y nos tapan. Eso, aclarémoslo" (ALITT).

Como sujetas de un derecho ciudadano que propone ejercerse sin ningún tipo de mediación, la propuesta de las travestis es evitar la pérdida de visibilidad borrando las marcas identificatorias de los dos grupos en conflicto: el Gobierno de la Ciudad de Buenos Aires no podrá llevar un cartel que lo presente como tal, los bares gay no podrán llevar su propia música.

Con relación a la consigna bajo la cual se convoca a la marcha, las voces del MGLTT y B se separan y lo hacen, en algunos casos, sin mantener las fronteras identitarias. No obstante, las diferencias más pronunciadas se dieron entre gays y travestis. En efecto, gran parte de las propuestas de los gays acentúan la necesidad de elaborar una consigna alusiva al Artículo 71 y al Decreto 150/99; el resto espera que la marcha y su frase convocante sean la ocasión para abogar por leyes antidiscriminatorias como el derecho al casamiento, a la adopción de niños/as, a la herencia. No es este el caso de las travestis, quienes se manifiestan en rotundo desacuerdo argumentando que una consigna tal como la planteada no las incluye.

"Nosotras no adherimos al tema de las leyes. Deberíamos mostrar una ruptura abierta contra todas esas cuestiones. Ya sabemos lo que son las leyes: se usan como quiere el que las usa. Yo no estoy de acuerdo con pedir leyes. Llamar a la rebelión, decir que nosotras ya no vamos a vivir como hemos vivido todos estos años. No pedir más leyes, matrimonios y todas esas cosas" (OTTRA).

En este tema, como en otros que veremos más adelante, la voz de las travestis y de las lesbianas se aúna. Aunque con una propuesta más precisa, las lesbianas entienden que la consigna no debe estar dirigida a los/as legisladores/as o a los/as gobernantes, tampoco referirse a las leyes, sino a la comunidad, a la que es necesario movilizar. Esta observación es recuperada por representantes gay, uno de los cuales propone entonces como consigna "A marchar mi amor" argumentando que se trata de una convocatoria que explícitamente convoca a personas de la comunidad. Esta sugerencia es rechazada, aunque por razones diferentes, por una dirigente lesbiana y otra travesti. Al tiempo que la primera la estima como frívola y reproductora de la imagen que la sociedad tiene sobre la comunidad GLTT y B, la segunda alerta sobre el eco militar de la palabra "marchar". Se someten a escrutinio "A salir mi amor", "Gritemos la diferencia", "A brillar mi amor", en su mayoría provenientes de activistas gays. "Vivo en la hipocresía" es la única consigna que proponen las travestis y la comisión decide integrarla. Se elige, también por unanimidad, "En la sombra de la hipocresía, a brillar mi amor"[6].

---

[6] El argumento utilizado para arribar a un consenso es que "A brillar mi amor" es el título de una canción de un grupo de rock nacional, uno de cuyos integrantes se ha

A los fines de decidir el orden a ocupar por cada grupo en la marcha, las/os participantes evalúan cuestiones que tienen que ver con la situación política nacional, en el marco de la cual es más o menos conveniente "mostrar" a un grupo primero por sobre los otros, así como con la propia visibilidad alcanzada por cada uno de ellos. Pese a que en ocasión de los preparativos de la VIII Marcha del Orgullo GLTT y B sus responsables admitieron que la visibilidad parecía ser ya un problema resuelto, el orden a tomar en ella fue motivo de una larga discusión. Y lo fue sobre todo para las lesbianas, grupo cuya participación en marchas anteriores, a diferencia de gays y travestis, recibió poca atención de los medios. Valiéndose de un argumento poco convincente para el resto, las lesbianas repararon en la necesidad de nivelar las diferencias económicas que permiten a unos grupos contar con más recursos para participar en el evento con música, disfraces, fuegos artificiales y, por tanto, ser más visibles que otros con menores recursos. Los gays resignaron rápidamente su lugar en la marcha y propusieron incluso ir a la cola del cortejo. Las travestis, cuya visibilidad estaba garantizada por la atracción que despiertan en los medios tanto como en el público en general, propusieron no guardar ningún lugar predeterminado. Asumiendo ser el colectivo que mayor visibilidad tiene, se ofrecen como "anzuelos" para un público siempre dispuesto a verlas.

"Si las lesbianas no tienen visibilidad propia, entonces vengan junto a las travestis, a las que siempre todo el mundo ve. Marchen al lado nuestro, ahí las van a ver todos" (ATA).

El desnudo, el mostrar el cuerpo, es uno de los rasgos que distingue a las travestis del resto de la comunidad GLTT y B en el transcurso de las marchas y, para la celebración de esta VIII, se peticiona a la Comisión Organizadora tener la posibilidad de participar sin prendas.

---

manifestado públicamente en contra de la discriminación hacia la homosexualidad. De esta manera se inviste a la consigna del gesto político requerido por el conjunto.

"Yo quiero plantear el tema de las remeras de la comisión del año pasado. Yo quería ir con poca ropa, con las siliconas al aire y como era de la comisión tuve que encajarme la remera, que te tapaba toda. Este año hagamos un distintivo chiquito, que no nos tape todo el cuerpo" (OTTRA).

La visibilidad en el contexto de estas celebraciones es un recurso que el travestismo tiene en exceso y que puede distribuir y compartir con los/as otros/as. Esa mayor visibilidad no depende de ser un colectivo aventajado económicamente respecto de gays y lesbianas. La exhibición callejera es una destreza que se ha "hecho cuerpo" en el travestismo, es incluso su medio de vida. La preparación de las marchas compromete a las travestis durante varias semanas en la elaboración de trajes, la práctica de pasos de baile, la selección de la música y el ensayo de coreografías. Tiempo éste que no destina el resto de integrantes de la comunidad.

El valor simbólico atribuido a la marcha del orgullo es diferente para cada uno de los colectivos gay, lesbiano, travesti y transexual. Parecería que, mientras para los gays es una oportunidad para interpelar al poder público y solicitar mejoras legales, para las lesbianas es un momento de interlocución con la comunidad GLTT y B. Para las travestis, por su parte, es un espacio para la denuncia sobre sus condiciones de vida, pero también es un espacio de fiesta, desnudo y festejo[7].

Así como ocurre con la decisión de cuál será el orden que establecerán para marchar, la disputa por la visibilidad de los diversos grupos vuelve a aparecer en ocasión de definir los discursos que se leerán en la celebración y los afiches y volantes que se elaborarán para su convocatoria. La disputa con relación a los discursos está construida sobre un eje: discursos por grupo de identidad vs. discurso general. Los primeros son aquéllos elaborados por las distintas organizaciones GLTT y B agrupadas por identidad que integran la Comisión Organizadora. Se acuerdan primero en el interior de cada grupo de diversidad sexual y luego son

---

[7] Quizás sea oportuno aclarar, a esta altura, que cuando hablo de las lesbianas, de los gays y de las travestis me refiero exclusivamente a lesbianas, gays y travestis que integraron la comisión organizadora de la marcha.

discutidos y consensuados en dicha comisión; constituyen la ocasión para que cada colectivo identitario hable a sus pares, distinguiéndose en esto del llamado discurso general. Éste es elaborado por la propia comisión, se lee al finalizar la marcha y sus contenidos están habitualmente referidos a problemas de orden nacional que afectan al conjunto de la comunidad GLTT y B.

La mayor parte de los participantes gays comprometidos en la organización de la VIII Marcha asumieron la posición de leer un solo discurso general, ya que estimaban que seguir con discursos por grupo identitario significaba reivindicar el carácter "corporativista" que tiene la identidad. En este punto, travestis y lesbianas aunaron sus posiciones, disidentes de las de sus compañeros. Ambos colectivos propusieron que hubiera discursos por grupo de identidad. Éstos constituyen, en la voz del travestismo organizado, una oportunidad para instalar en el mismo público travesti palabras nuevas con las que identificarse, nuevos mundos posibles y alejados de éstos en los que actualmente viven, atravesados por la violencia y por leyes que las penalizan. Esto solamente puede lograrse si quien lo dice son las mismas travestis.

"Una cosa es el discurso general, donde está toda la comunidad y decimos lo que queremos y otra cosa es la voz alzada por travestis, gays y lesbianas diciendo cosas puntuales y específicas a su gente. Porque hay cosas que nosotras queremos decir a las travestis que no pueden decirse en el discurso general. Yo quiero un discurso por identidad. No es lo mismo que yo, travesti, diga lo mío a que lo mío sea dicho por una lesbiana" (ALITT).

La postura de los gays por un solo discurso general fue, además, interpretada por lesbianas y travestis como una maniobra para invisibilizarlas[8].

[8] Además de aquella justificación orientada a la necesidad de no continuar reivindicando identidades, se sumó como motivo el hecho de que leer un solo discurso general evitaba que aquéllos/as que no habían trabajado en la organización de la marcha, como

"Tienen que haber dos discursos. El político, más general, en que se dirá todo lo político que queramos. Pero hay otro discurso. Tanto las lesbianas como las travestis no tenemos espacio para decir cosas que no siempre tienen que ver con las leyes, no siempre tienen que ver con lo político. Nosotras queremos decir otro tipo de discursos. No hay por qué borrarnos. Porque doy por supuesto que estos temas van a estar en el discurso general. Yo no quiero perder ese espacio, el de los discursos por identidad. La historia es no perder cosas dichas por nosotras, preservar ese espacio que nos apuntala. Porque frente a las cámaras siempre terminás diciendo lo que podés, no lo que querés" (OTTRA).

Pero el travestismo también busca ser visible a los ojos de su propio colectivo en los volantes que se distribuirán a los efectos de la convocatoria. Se solicita que en ellos se impriman las direcciones postal y electrónica de cada organización interviniente y no sólo la de una ellas. A la lucha travesti por evitar este tipo de "borramientos" se suma su necesidad de remover imágenes estereotipadas de las que la misma comunidad GLTT y B es responsable.

"Por favor, este año que no se repita lo de antes: la parejita gay toda amorosa y las tortas todas románticas mirando la luna y allá a lo lejos, una trava sola, toda así, divina, con culo y tetas. Siempre las travestis aparecemos así, como si estuviéramos siempre solas y siempre en pose de diosas" (ALITT).

El proceso de transformación de las imágenes que de sí mismas tenían las travestis, proceso cuyo comienzo las travestis sitúan en la experiencia organizativa, continúa luego en la comunidad GLTT y B donde las travestis luchan por ser reconocidas con atributos nuevos.

---

las/os bisexuales, tuvieran un lugar en el escenario. Otra explicación apeló a las implicancias que para el conjunto de quienes fueran a la marcha podía tener leer un discurso general. Ello generaría un sentido de solidaridad en el público, solidaridad que seguramente rompía las fronteras de las identidades e invitaría a una mayor sensibilidad en toda la comunidad.

Como ya señalé, las marchas son precedidas habitualmente por la llamada *Semana del Orgullo GLTT y B*. En el año 1999 se realizaron talleres que tuvieron como objetivo la interlocución con diversas instituciones de la sociedad. A la hora de definir a cuáles de éstas se invitaría a debatir, se expresaron intereses divergentes en el interior de la Comisión Organizadora. Para buena parte de las organizaciones gay, los talleres constituyen una estrategia para profundizar alianzas con grupos de personas que, al igual que la comunidad GLTT y B, tienen una relación conflictiva con los poderes institucionales; para travestis y lesbianas son una oportunidad para el debate y la discusión con quienes se encuentran alejados de dicha comunidad o sin compromiso con ella. Así por ejemplo, en ocasión de definir invitados/as para el taller de interlocución con organismos de derechos humanos, las travestis descartan aquéllos que han apoyado a la comunidad GLTT y B (HIJOS, Madres de Plaza de Mayo - Línea Fundadora, entre otros pocos más).

"Hay que invitar a gente como Pérez Esquivel que en un libro sobre no sé qué cosa dice que él ha paseado con las prostitutas en las calles de París, pero no dice que no ha pisado Palermo[9]. Yo buscaría esa gente para preguntarle ¿por qué las organizaciones de derechos humanos no toman los problemas de las minorías? Para que se sepa, que todo el mundo sepa quiénes son" (OTTRA).

Este interés por valerse de los talleres para hacer visibles a la sociedad los grados de compromiso asumidos por importantes referentes de los derechos humanos, se repite a la hora de definir los/as participantes a las reuniones con los medios de comunicación. La propuesta es seleccionar disidentes y no aliadas/os. Quizás porque el debate que la comunidad GLTT y B tuvo con los/as legisladores/as era todavía reciente, en la definición de este taller se presentaron diferencias. Para las lesbianas, la comunidad ya escuchó demasiado a los/as legisladores/as.

---

[9] Pérez Esquivel es el presidente de una organización de derechos humanos llamada Servicio de Paz y Justicia (SERPAJ) y recibió el Premio Nobel de la Paz por su activismo político durante la última dictadura militar en Argentina.

Para los gays, el compromiso de los/as parlamentarios/as ha sido por demás insuficiente. Las travestis fundamentan su negativa a reunirse con los/as legisladores/as por el desacierto de las políticas que éstos impulsan aun cuando a través de ellas se quiera favorecer al colectivo en cuestión.

"Yo sé que XX (una legisladora) quiere impulsar un proyecto de ley por una educación que no discrimine, pero ¿saben qué?, que mejor haga uno para que las travestis podamos comer todos los días, tengamos trabajo, donde sea más fácil a las travestis ir a la escuela, o que haga un proyecto para sacar el Artículo 71" (ALITT).

En términos tan concretos como los del testimonio anterior otra dirigente travesti recuerda la manipulación política de la que fueron objeto por parte de los/as mismos/as legisladores/as en el transcurso de los debates sobre el Código de Convivencia Urbana.

"Los legisladores vienen a hablar y dialogar con nosotras cuando ellos quieren. Antes del Artículo 71, todas podíamos entrar a la Legislatura. Después nos cerraron la puerta y, cuando nos reprimía la policía, ningún legislador salió a defendernos o a pedir que nos dejaran entrar, que teníamos derecho. La única palabra que se me ocurre para los legisladores es traición" (ATA).

Frente a la propuesta de un taller para discutir las declaraciones de Balza, Jefe de las Fuerzas Armadas durante la gestión menemista, respecto a la incorporación de gays en tales fuerzas, el debate se acalora y rompe todos los límites de las identidades grupales aunando a éstas en una sola voz que se expresa en contra de cualquier diálogo con quienes son los responsables de la represión, la tortura y la muerte. Si las fuerzas militares tienen en sus filas a personas gays, la homosexualidad de éstos es subsumida por el colectivo GLTT y B en la identidad militar. "Primero son milicos", explicita una dirigente travesti. Menos interés despierta en las travestis y en el conjunto, la propuesta proveniente de un párroco gay de la Iglesia Comunitaria Metropolitana, integrante también de la Comisión Organizadora, de un taller sobre cristiandad y homosexualidad. Aunque seguramente por razones diferentes, tampoco el taller de interlocución con el movimiento feminista, sugerido por las mujeres lesbianas de la comisión ni el taller de travestismo, propuesto por dos organizaciones travestis, generan discusión alguna.

En el transcurso de las reuniones realizadas en ocasión de la VIII Marcha del Orgullo GLTT y B, el travestismo se confronta con el resto de los grupos de diversidad sexual en su afán por propiciar formas de presentación pública de sí mismo y de la comunidad GLTT y B orientadas a evitar cualquier vinculación con el Gobierno o con instituciones tales como la familia y el matrimonio, así como cualquier interlocución con la ley y los responsables de su elaboración. Su posición es clara: persuadidas de ser víctimas directas de la hipocresía y el engaño que corroen a todas esas instituciones, y seguramente también como resultado de sentirse diferencialmente afectadas –respecto de gays y lesbianas– por la derrota que pocos meses antes habían sufrido en el debate sobre el Código de Convivencia Urbana, ellas no están dispuestas a ninguna clase de diálogo con quienes detentan algún tipo de poder; a cambio de peticionar por el ejercicio de derechos, se proponen ejercerlos sin más vueltas. Redoblan esfuerzos, por el contrario, para fortalecer la posibilidad de diálogo que vincula a las dirigentes con otras travestis que participarán en la marcha como público. El argumento es la necesidad urgente de construir una visibilidad diferente, despojada de los signos asociados a la marginalidad que acompañan siempre al travestismo: leyes, artículos, violencia, denuncia. Las imágenes con que se promociona la marcha son un espacio de trabajo para desarrollar esa otra visibilidad que busca alejarse también del estereotipo travesti marcado por un cuerpo exuberante y una vida solitaria. Las travestis que integran la Comisión Organizadora declaran su intención de desalentar el carácter carnavalesco que el colectivo podría asumir en la marcha. Sin embargo, durante las actividades preparatorias, los esfuerzos desplegados para crear conciencia acerca de la necesidad de erradicar estereotipos tales como la constitución de murgas y carrozas, o el despliegue de plumas y desnudos, fueron considerablemente menores a los invertidos en otros objetivos, como por ejemplo el diseño de los afiches convocantes a la marcha. Es necesario aclarar, no obstante, que las dirigentes mismas, más allá del discurso que sostuvieran, vivían como una pérdida la idea de renunciar a exhibir sus cuerpos durante la marcha –acaso porque al fin de cuentas, la única visibilidad que les está siempre garantizada de antemano es aquella dada por el cuerpo y sus adornos–.

Los discursos por grupo de identidad

En la VIII Marcha del Orgullo GLTT y B fueron finalmente leídos tres discursos por identidad, correspondientes a gays, lesbianas y travestis. El orden establecido para leer los discursos fue: primero las travestis, luego las lesbianas y finalmente los gays. Para su decisión se usó como criterio el hecho de que el travestismo había sido, del conjunto de la comunidad GLTT y B, el más golpeado por las últimas intervenciones del poder público en su accionar contra la prostitución. Que la voz travesti fuera escuchada en primer lugar era una señal de la legitimidad y prueba del consenso que había logrado generar en el interior del mismo movimiento socio-sexual GLTT y B[10].

Los tres discursos presentaron muchas de las características atribuidas al campo discursivo de lo político, tal como ha sido definido por Eliseo Verón (1987). Según este autor, dicho campo implica el enfrentamiento con un enemigo y, en tal sentido, puede definirse como una lucha entre enunciadores. La enunciación política parece inseparable de la construcción de un adversario y su especificidad reside en la disociación estructural que supone la construcción simultánea de un destinatario positivo y un destinatario negativo.

Aunque con diferencias entre ellos, los tres discursos por identidad establecieron relaciones polémicas con un adversario o *contradestinatario*, relaciones de refuerzo con el destinatario positivo o *prodestinatario* y

___
[10] En el "Anexo" se reproducen textualmente los tres discursos por grupo de identidad de la VIII Marcha del Orgullo GLTT y B.

también relaciones de persuasión con lo que el mismo Verón llama *para-destinatario*[11].

Las estrategias de presentación escogidas por gays y lesbianas estuvieron marcadas por el uso de un "nosotros" que, por su carácter inclusivo, reunió desde el comienzo a enunciador y prodestinatario en un colectivo de identificación extendido al conjunto de los grupos de diversidad socio-sexual. A modo de ejemplo, las lesbianas señalan:

"Nosotras, las mujeres lesbianas tenemos mucho que decirnos y decirles. Las travestis tienen mucho que decirnos a las lesbianas y los gays. Los gays tienen mucho que decirnos a las lesbianas y a las travestis. Y nosotras tenemos mucho que decirnos a nosotras mismas y a ellos y ellas".

A diferencia de gays y lesbianas, y tal como se había anunciado en las reuniones preparatorias de la marcha, las travestis eligieron como prodestinatario sólo a su colectivo usando como operadores de identificación formas nominales fácilmente inteligibles por él[12].

"Hola negritas viciosas, hola exhibicionistas, hola mascaritas sidóticas, hola hombres vestidos de mujer."

[11] Al tiempo que el prodestinatario es una posición que corresponde a un receptor que participa de las mismas ideas, que adhiere a los mismos valores y persigue los mismos objetivos que el enunciador, el contradestinatario se vincula a éste en la hipótesis de una inversión de la creencia. Esto es, lo que es verdadero para el enunciador es falso para el contradestinatario e inversamente; o bien, lo que es bueno para el enunciador es malo para el contradestinatario; o lo que es sinceridad para el enunciador es mala fe para el contradestinatario, etc.

[12] Los operadores de identificación elegidos son los términos que, referidos a las travestis exclusivamente, venían utilizando la Asociación Cooperadora de Vecinos Auto convocados de la Plaza Campaña del Desierto —más conocida como Asociación Vecinos de Palermo— y ciertas autoridades policiales en los debates sobre el Código de Convivencia Urbana. La Asociación Vecinos de Palermo se constituyó como tal en el momento en que el Código de Convivencia Urbana reemplazó a los antiguos Edictos Policiales, despenalizando la prostitución callejera. Sus actividades constituyeron una especie de "cruzada moral" destinada a peticionar a las autoridades legislativas la reimplantación de tales edictos.

Esta sentencia es reforzada inmediatamente después por medio de un nosotros (nos) inclusivo:

"(...) Estas palabras (negritas viciosas, exhibicionistas, etc.) nos son muy familiares, resuenan aún y lo harán por mucho tiempo en nuestra memoria (...)".

Recortado el travestismo del conjunto de la comunidad GLTT y B, al primer saludo le sigue una descripción a través de la cual se construye el contradestinatario, al que se identificará como responsable no solamente del desprecio a las travestis sino también de los problemas que afectan a otros/as excluidos/as del sistema o asesinados/as por él.

"(negritas viciosas, mascaritas sidóticas, hombres vestidos de mujer y exhibicionistas) Son los descalificativos más usados por una clase burguesa que ve amenazada su hipocresía por el brillar de nuestras siliconas encandecidas, los políticos corruptos que no vacilan en enriquecerse a costa del hambre y la exclusión social, la Iglesia hostil a las travestis pero clara a la hora de elegir entre el barro y el oro, entre el mármol y el yeso, entre la plata y la lata, los sensibles de Palermo, sensibilidad que por cierto no queda muy clara a la hora de trabajar para la policía, quienes son sostenedores de la violencia, la muerte de 82 compañeras travestis y de 30.000 desaparecidos (...)."

Originadas con un valor negativo en la voz del contradestinatario, las formas nominalizadas elegidas por las travestis son, sin embargo, recuperadas positivamente. En la voz de la enunciadora travesti:

"(...) Pero estas negritas, estas exhibicionistas, estas mascaritas, venimos luchando desde hace un tiempo para quitarle el velo a una sociedad que sólo ve el mundo como hombre o como mujer, perdiendo en esa mirada la infinita riqueza de la diferencia (...)".

Esta recuperación está presente también en el discurso gay. Por entonces, el Jefe de las Fuerzas Armadas había declarado públicamente que las personas gays serían incorporadas a su arma. Simultáneamente, y frente a la reacción que su propuesta provocó en diversos sectores de la sociedad argentina, el mismo militar explicó que ello no convertiría al ejército en un "grupo de costureritas". En el discurso gay, el colectivo manifestará que, frente a la alternativa de participar en un cuerpo militar conocido en el país por sus prácticas genocidas, "celebran" dedicarse a la costura. Apropiarse de términos despectivos provenientes del contradestinario y otorgarles un valor positivo, es la estrategia que encuentran gays y travestis para anular su contenido negativo original y ponerle otro en su lugar.

Si observamos por un momento las entidades construidas como contradestinatarios en cada uno de los tres discursos, encontramos tantas similitudes como diferencias. Presentamos ya el contradestinatario del discurso por identidad travesti, veamos ahora el construido por el grupo gay.

"(…) luchamos contra las instituciones que generan aparatos políticos, económicos, ideológicos y culturales de control, represión y opresión sobre nuestro cuerpo, nuestro gesto, nuestro amor, nuestro sexo, nuestras vidas. Luchamos contra los que hacen desaparecer el conflicto, los gays somos echados de nuestras casas y de nuestros trabajos. La institución de la iglesia nos sigue tratando como enfermos y somos perseguidos y exterminados por la policía (…) luchamos por no convertirnos en asesinos, porque no queremos participar de un ejército de prácticas genocidas. Por el contrario, queremos denunciar a todas las personas que violan nuestros derechos humanos, a los que posibilitan que ellos sigan en libertad y a los que callan con su silencio de complicidad (...)."

El discurso gay y el discurso travesti comparten algunos de sus adversarios: Iglesia y policía. Ahora bien, mientras la Iglesia de la que hablan las travestis es una institución que actúa según sus intereses económicos, la de los gays es criticada por patologizar sus preferencias sexuales. En ambos casos, no obstante, la policía presenta iguales características a los ojos de uno y otro grupo.

138 ———————————————————————— CUERPOS DESOBEDIENTES

No hay contradestinatarios comunes entre travestis y lesbianas; pero, como puede advertirse a continuación, éstas sí comparten algunos de los suyos con los gays.

"(…) la discriminación y la opresión en esta sociedad es no sólo porque somos lesbianas sino también porque somos mujeres. Nos discriminan en nuestros trabajos, cobramos menos que nuestros compañeros varones, muchas de nosotras tenemos que vivir situaciones de violencia, violaciones y acosos en donde vivimos, en donde trabajamos y en nuestros propios hogares familiares. Las políticas y campañas de salud no están generalmente destinadas a nosotras. Quieren decidir hasta sobre nuestros cuerpos, imponiéndonos el talle que debemos tener, cuántos hijos o hijas y cuándo tenerlos, provocando así millones de muertes por abortos practicados en malas condiciones, por bulimia, por anorexia (...)."

La familia y los lugares de trabajo, pero también las instituciones que regulan los cuerpos y deseos de unas y de otros, son contradestinatarios que comparten gays y lesbianas.

Un aspecto a destacar en esta primera descripción de los tres discursos es que sólo en el correspondiente a las travestis hay referencias que sugieren una perspectiva de clase en la construcción y caracterización del contradestinatario. Tres actores, ausentes en los otros dos discursos, parecen indicar esto. Ellos son, la "clase burguesa", que se siente amenazada por las travestis; los "políticos corruptos", enriquecidos con la exclusión social; la institución religiosa y sus intereses económicos. Esta observación me condujo a pensar que el colectivo travesti entiende como fundamento de la discriminación de la que es víctima, no sólo una identidad abyecta sino también por su extracción de clase.

Los tres discursos dan cuenta de lo que Verón (1987) llama *metacolectivos singulares*. De gran importancia en el discurso político, ellos son entidades más abarcadoras que los colectivos propiamente políticos que fundan la identidad de los enunciadores, al tiempo que no admiten fragmentación ni cuantificación alguna. En los tres, este lugar lo ocupa la sociedad, pero las referencias a la misma son diferentes entre unos y otros grupos identitarios. Mientras que para las lesbianas la sociedad aparece como un contradestinatario más que las discrimina y oprime no sólo por ser lesbianas sino también por ser mujeres, en los discursos gay y travesti la sociedad es construida como un paradestinatario al que hay que persuadir para que aprenda a convivir con la diferencia.

En el discurso travesti, la persuasión consiste en informar a la sociedad acerca de la riqueza que existe en aceptar más de dos identidades sexuales:

"(...) venimos luchando desde hace un tiempo para quitarle el velo a una sociedad que sólo ve el mundo como hombre o como mujer, perdiendo en esa mirada la infinita riqueza de la diferencia. Y no pararemos de hacerlo porque esa ceguera nos mata (...)".

Las lesbianas advierten a esa sociedad que las oprime y discrimina, y que encuentra en sus propias instituciones la manera de hacerlo, que no renunciarán a una identidad que es motivo de orgullo:

"(...) Y venimos acá a decirles que no, para decirnos que no, que vamos a ser como queramos ser. Porque estamos orgullosas y orgullosos de quienes somos y desde ahí brillamos. Por la no violencia hacia la mujer, por la despenalización del aborto, por empleo para todos y todas, e igual salario para la mujer, por la libre adopción de nuestra sexualidad, por iguales oportunidades para todos y todas, por las mujeres lesbianas, por las putas, por las locas, por las viejas, por las gordas, por las judías, por las pendejas, las indias, las bisexuales (...)".

Desde un punto de vista *descriptivo*, aquel según el cual el enunciador político hace un balance de la situación, la peculiaridad del discurso travesti parece estar dada por la clase social. A diferencia de los otros dos grupos por identidad, las travestis no hablan de familia, no hablan de trabajo o empleo ni tampoco de salud. Ningún asombro debe ocasionar esto si se tiene en cuenta que, en lo que concierne a la familia, es abandonada por las travestis, muchas veces de manera definitiva, a una edad muy temprana. Si se trata de trabajo, éste se encuentra tan alejado o más que la familia del horizonte de posibilidades para las travestis. Por último, el sistema de salud es un recurso al que las travestis no apelan —sino cuando se ven afectadas por cuadros muy agudos o ya terminales—, entre otras cosas, porque son tratadas como varones, ubicadas en salas de varones y nombradas por médicos y auxiliares por su nombre masculino. En ninguno de los tres espacios las travestis son reconocidas como sujetos de derecho, condición indispensable para luego poder interpelarlos.

Desde la perspectiva *didáctica*, mediante la cual el hablante formula una verdad universal, un principio general que es enunciado en un orden atemporal, la especificidad de las travestis reside, en términos bourdieusanos, en cuestionar el principio de organización —y división— del espacio social de las relaciones de género, proponiendo una nueva visión del mundo que se imponga sobre aquella otra en la que sólo hay lugar para dos géneros. El contenido didáctico del discurso por identidad lesbiana es la búsqueda de una vida auténtica y el correspondiente a los gays es la convivencia con personas diferentes. La negativa a ser "torcidas" en su voluntad de conseguir una vida genuina por parte de las primeras, así como la búsqueda de aceptación de la diferencia en el caso de los gays, parecen ser expresión del deseo de integración a una sociedad que se resiste a otorgarles un lugar.

Por el lado *programático*, del orden del poder hacer, las travestis proponen ocupar el lugar que les corresponde y quitarle el velo a una sociedad confundida:

"Porque nosotras no venimos a pedir un lugar, venimos a ocupar nuestro lugar. Y nada mejor que hacerlo juntas como prostitutas, juntas como coprovincianas, juntas como peruanas, juntas como bolivianas, como paraguayas, como uruguayas, juntas como amigas, juntas como excluidas de este sistema homicida (...)".

El programa de las lesbianas es conseguir el respeto y conocimiento entre los diferentes grupos a través del diálogo:

"Nosotras, las mujeres lesbianas tenemos mucho que decirnos y que decirles. Hablarles de la diferencia nos permite conocernos y respetarnos. Las travestis tienen mucho que decirnos a las lesbianas y a los gays. Los gays tienen mucho que decirnos a las lesbianas y a las travestis. Y nosotras tenemos mucho que decirnos a nosotras mismas y a ellos y ellas (...)".

El contenido programático del discurso por identidad gay es continuar con la lucha comenzada hace ya un tiempo y que encuentra en un líder ya muerto el impulso original.

"Nosotros no callamos, brillamos y festejamos estar acá para poder decir una vez más que vamos a seguir luchando por vivir y amar a nuestra manera. Junto a las lesbianas, travestis, transexuales y bisexuales, los gays marchamos para hacer brillar con toda la fuerza nuestro orgullo. Para hacer brillar las palabras por las cuales Carlos Jáuregui dio su vida: el principio de nuestra lucha es el deseo de todas las libertades (...)."

Diez años han transcurrido desde aquellas primeras experiencias organizativas de las travestis y de los primeros esfuerzos por participar con su voz y su nombre en el conjunto de los grupos por minorías que integran el movimiento gay, lésbico, travesti, transexual y bisexual. En ese lapso de tiempo, el travestismo organizado dio cuenta de una lucha simbólica orientada a que esta práctica cultural sea percibida y reconocida como legítima en un espacio de relaciones de género ordenado según principios de clasificación y diferenciación que no la contemplaban. El accionar del travestismo por hacerse visible en el interior del MGLTT y B, aspecto *objetivo*, según Bourdieu (1993), de todas las luchas simbólicas, comprometió el despliegue de diversas estrategias de presentación a través de las cuales finalmente el colectivo fue reconocido. Parafraseando a una informante que evaluaba los primeros años de la relación travestismo/MGLTT y B y los cambios que ella vivió, las travestis dejarán de ser parte de ese "largo etcétera" con que se las nombraba –"gays, lesbianas, etc."– y lograrán imponer su nombre, la palabra que eligen para ser llamadas. Y esta no es sino una de las expresiones del otro aspecto de las luchas simbólicas que Bourdieu define como *subjetivo* y que comprende aquellas acciones destinadas a

> (...) hacer cambiar de percepción y de apreciación del mundo social las estructuras cognitivas y evaluativas: las categorías de percepción, los sistemas de clasificación, es decir, en lo esencial, las palabras, los nombres que construyen la realidad social tanto como la expresan (1993:138).

Disponiendo al comienzo como único capital propio el interés por participar en las movilizaciones de los grupos socio-sexuales, entre ellas las marchas del orgullo, el solo espacio que se les concede es el de un sello que lleva su nombre –travestis– y que está en los márgenes de los volantes convocantes a la III Marcha del Orgullo. Gradualmente, los cuerpos travestis, sus adornos y el gesto de exhibición, así como algunas actividades que aparentemente sensibilizaron a la comunidad GLTT y B, como lo fue la presentación del *sketch* teatral *Una noche en la comisaría*, se suman al capital original y las travestis logran desplazarse de aquellos márgenes a los que no volverán, al menos en lo que al MGLTT y B se refiere. Desarrollaré esta afirmación recurriendo a la distinción que Jacques Ranciere hace, en su *El desacuerdo. Política y Filosofía* (1996), entre dos lógicas del ser-juntos humanos.

Retomando la diferencia foucaultiana entre policía y política, Ranciere llama *orden policial* o simplemente policía al conjunto de los procesos mediante los cuales se efectúan la agregación y el consentimiento de las colectividades, la organización de los poderes, la distribución de los lugares y funciones y los sistemas de legitimación de esta distribución. La policía, afirma Ranciere,

> (...) es primeramente un orden de los cuerpos que define las divisiones entre los modos de hacer, los modos del ser y los modos del decir, que hace que tales cuerpos sean asignados por su nombre a tal lugar y a tal tarea; es un orden de lo visible y lo decible que hace que tal actividad sea visible y que tal otra no lo sea, que tal palabra sea entendida como perteneciente al discurso y tal otra al ruido (1996: 44).

De manera contraria, la *política* es una actividad bien determinada y antagónica de la primera que desplaza a un cuerpo del sitio que le estaba asignado, hace ver lo que no tenía razón para ser visto. La actividad política es un modo de manifestación que deshace las divisiones sensibles del orden policial. El pasaje del orden policial a lo político consiste, para los sujetos involucrados en el proceso, en constituirse como seres parlantes, y ello implica la participación en un proceso de subjetivación mediante el cual los lugares e identidades que se les había asignado en el orden natural (policial), así como los sujetos mismos, son transformados en instancias de experiencia de un litigio. La subjetivación política arranca a los sujetos de su propia evidencia y los conduce a un nuevo escenario, ahora político.

Desde esta perspectiva, entonces, puede afirmarse que la lucha travesti en el interior del MGLTT y B no fue sino un proceso de desinscripción de sus participantes del lugar que el orden policial (natural) les tenía asignado, proceso que, en el camino, facilitó la creación de un escenario político nuevo en el que se desataron los nudos instaurados según ese orden policial. Si atribuimos un orden policial a aquel que regula las identidades de género, entonces, el gesto travesti en el MGLTT y B equivalió a poner en cuestión ese orden y fracturarlo.

Travestismo y medios de comunicación

> Para cambiar el mundo, es necesario cambiar las maneras de hacer el mundo.
>
> (Pierre Bourdieu, Cosas Dichas, 1993:140)

> Para empezar te voy a aclarar que somos *las* travestis y no *los* travestis.
>
> (Testimonio de una dirigente travesti, registrado en la prensa, en ocasión de ser nombrada como *el* travesti)

El 10 de marzo del año 1998 la Legislatura porteña aprueba por unanimidad, aunque en primera instancia, el Código de Convivencia Urbana. Estrenado al día siguiente, cuando la nueva Constitución de la Ciudad de Buenos Aires deja sin efecto los edictos policiales, la policía pasa a convertirse en un auxiliar de la justicia y, en adelante, las decisiones quedarán en manos de un sistema democrático de fiscales[13]. Puesto que la ley se votó rápidamente para evitar que, habiendo caducado los edictos, la ciudad quedara en un vacío legal en materia contravencional, la misma legislatura estableció un plazo de ciento ochenta días para modificarla, tiempo que se redujo a cuatro meses. En julio del mismo año el Código es modificado: se toleraría la prostitución callejera, pero de manera reglamentada[14]. Se aprueba entonces el Artículo 71, con 34 votos a favor y 21 en contra, a través del cual no se prohíbe la oferta de sexo en la calle pero se la limita por medio de figuras como ruidos molestos y alteración al orden público. Según el mencionado Artículo, prostitutas y travestis no podrían ya alterar la tranquilidad pública frente a casas, templos y escuelas. Se considerará que hay alteración a la tranquilidad cuando las personas en prostitución provoquen ruidos, perturben el tránsito de personas o vehículos o cuando trabajen y se concentren en un mismo lugar. La modificación que introdujo el Artículo 71 no habilitó a la policía para detener a quienes lo violaran. Esta fuerza debía, por el contrario, dar aviso al fiscal responsable de impartir las instrucciones del caso.

[13] Un ejemplo que ilustra el rápido impacto que tuvo la aplicación del Código de Convivencia Urbana lo fue la disminución abrupta del número de actas. Con el antiguo sistema, se producían unos 3000 arrestos mensuales, la mayor parte de los cuales obedecía a figuras que desaparecieron con la nueva normativa. Una vez aplicada ésta, la policía labró sólo 367 actas, la mitad de las cuales fueron archivadas o desestimadas por la Justicia Contravencional, debido a que no se encuadraban en ninguna de las prohibiciones del Código de Convivencia Urbana. En aquéllas que dieron lugar a procesamientos, todos/as los/as afectados/as tuvieron, por primera vez, derecho a defenderse, a diferencia de la situación anterior en la que la policía podía aplicar arrestos de hasta 30 días, en la mayoría de los casos sin que las personas implicadas pudieran apelar.

[14] Cabe recordar que son tres los sistemas de reglamentación del comercio sexual en el mundo: prohibicionista, reglamentarista y abolicionista. El primero prohíbe el ejercicio de la prostitución de cualquier forma y es considerado el más restrictivo. El reglamentarista limita la práctica prostibular a sitios cerrados o zonas especiales; el último veda la explotación ajena sin penalizar el ejercicio independiente (Raquel Osborne, 1989).

En el año 1999 un decreto presidencial (N° 150/99) reimplantó los antiguos Edictos Policiales y devolvió a la policía el poder que había perdido con la derogación de los mismos y que no había recuperado con las modificaciones introducidas luego con la sanción del Artículo 71. Se establecen medidas predelictuales que dictaminan que los/as porteños/as podrán ser detenidos/as sin orden judicial. Entre ellas, se incluyen la ebriedad, la portación de palancas u otros elementos que *permitan presumir que se destinarán a cometer delitos*, las *reuniones tumultuosas en ofensa de persona determinada*, el *ofrecimiento o incitación al acto sexual*, cuando provocare perturbación de la tranquilidad, o el *merodeo* por parte de *conocidos profesionales del delito*[15]. Este decreto fue evaluado por analistas como un claro avasallamiento a la división de poderes, al Poder Legislativo y a la autonomía porteña. En todo caso, sirvió para que el 4 de marzo del mismo año, un día después del decreto presidencial, la Legislatura porteña diera el sí a la prohibición total del comercio sexual[16]. En adelante, el sistema de reglamentación del comercio sexual en la Ciudad de Buenos Aires será prohibicionista.

En el marco de los debates que genera este proceso, las travestis comienzan a adquirir visibilidad política, a expresarse públicamente en

[15] Es interesante ver cómo la figura predelictual titulada *reuniones tumultuosas en ofensa de persona determinada* fue una clara alusión a las actividades que venían realizando los/las hijos/as de personas desaparecidas durante la última dictadura militar. La asociación que los/as reúne, HIJOS (Hijos por la Identidad y la Justicia, contra el Olvido y el Silencio) incorporó en su práctica activista, los conocidos "escraches", consistentes en una movilización colectiva hasta el domicilio individual de los torturadores y responsables de la muerte de los/as 30.000 desaparecidos/as en repudio y denuncia de la situación de libertad de la que gozan los genocidas.

[16] A los fines de ilustrar el carácter conflictivo que tuvo el tratamiento del tema, cabe destacar que del conjunto de los/as legisladores/as porteños, cuatro de ellos se opusieron enérgicamente a la prohibición del comercio sexual. Tres de tales legisladores/as pertenecían al bloque del Frente País Solidario (FREPASO) –Dora Barrancos, Alicia Zaccardi y Eduardo Jozami–, el cuarto legislador provenía del partido de gobierno local (Unión Cívica Radical) y su nombre es Facundo Suárez Lastra. Las desavenencias que este debate produjo en el FREPASO provocaron una fractura interna de la que el bloque no pudo recuperarse en todo el lapso del mandato legislativo.

torno al reconocimiento de sus derechos y búsqueda de legitimidad social. De este proceso, que ha quedado registrado en la prensa escrita, podemos distinguir tres momentos situados entre los años 1997 y 1999.

Primer momento

En el transcurso del año 1997 y primeros meses del siguiente, gran parte de la lucha de las organizaciones travestis giró alrededor de la derogación de los Edictos Policiales. Una de las primeras denuncias del colectivo se realiza en razón de un reglamento impulsado por la Asociación Amigos de Avenida de Mayo, organizadora de las fiestas de carnaval en dicha calle. En el punto 2 del Reglamento de Certamen de Comparsas y Murgas, los/as organizadores/as establecieron que

> en todos los casos –de comparsas y murgas– está prohibido el desfile de travestis. Como así también el vestuario femenino debe estar de acuerdo al clima familiar del público asistente. Las letras de las canciones o parodias no deben contener carácter ofensivo, guardando la moral y las buenas costumbres (*Crónica*, 20 de febrero de 1997).

Junto a gays y lesbianas, las travestis se expresan contra este reglamento argumentando que, precisamente para salvaguardar "la moral y las buenas costumbres", en épocas pasadas "las cárceles fueron llenadas de ciudadanos/as inocentes". Es presentada una querella por discriminación contra la Asociación impulsora del mencionado reglamento.

Durante ese lapso de tiempo, el colectivo criticará y se expresará, fundamentalmente, contra las prohibiciones de transitar por las calles vestidas como mujeres (muchas travestis, pedirán, incluso, el cambio de identidad). La voz travesti enfatiza una especie de presentación "diagnóstica" del grupo, destinada a hacer ver a la sociedad su realidad cotidiana. Se denuncian públicamente los efectos de la intervención policial y su responsabilidad en la muerte de 64 travestis, muertes que no fueron esclarecidas (*Crónica*, 10 de febrero de 1997). Esta denuncia será acompañada de una acción que consistió en "encadenarse" al edificio de los Tribunales en los que se colocaron muñecos de trapo que simbolizaban a algunas de las travestis muertas en los últimos diez años. En sus reclamos de respeto y participación democrática para todos/as, las travestis se presentan como violadas en sus derechos humanos más elementales y como colectivo al que aún no le ha llegado la democracia. Mediante carteles y pancartas en donde se lee "Mírennos porque esta noche vamos a estar desaparecidas" (*Página/12*, 11 de febrero de 1997), las travestis comprometen a los/as transeúntes, hasta entonces indiferentes a la realidad del grupo. Registra el mismo matutino, la siguiente proclama:

> Lo único que pedimos es que no nos maltraten más, que nos dejen vivir nuestra vida y nuestra sexualidad como nos plazca, porque no molestamos a nadie (*Página/12*, 11 de febrero de 1997).

En ocasión de ser recibidas por primera vez por la Jefatura de Gobierno de la Ciudad de Buenos Aires, las travestis recurren al uso de vestidos negros, como expresión del duelo por las compañeras muertas. Los motivos que las dirigentes travestis atribuyen a la violencia policial es su misma identidad, avasallada por "no ser hombres ni mujeres, sino travestis" (*La Nación*, 7 de mayo de 1997). Aunque el hecho de ser atendidas por autoridades gubernamentales las alienta, advierten enfáticamente que la conformidad vendrá sólo con la derogación de las leyes que las persiguen.

> (…) El hecho de que el Gobierno nos haya recibido demuestra cierta madurez. Nosotras vamos a seguir luchando, porque la policía no nos va hacer retroceder. Igual que no lo harán ni las amenazas de muerte, los malos tratos, porque nuestra lucha es para lograr una mejor calidad de vida. No hubo afirmaciones sobre determinados puntos, se comprometieron a hacerse cargo de la situación. Ser escuchadas es un avance, pero la conformidad la tendremos cuando desaparezcan las terroríficas leyes que tienen rango institucional y que fueron decretadas por el gobierno militar (*Así*, 9 de mayo de 1997).

Las travestis se empeñan, durante este período, en exponer sus condiciones de vida, puesta en riesgo sobre todo por el accionar policial. Se presentan como un colectivo que es perseguido por sus prácticas sexuales, cuyas integrantes valoran como inocuas a la sociedad y, por tanto, merecedoras de respeto, y también como un colectivo portador de una identidad que es objeto de repudio y violencia policial pero que es motivo de orgullo para ellas. Esta presentación que hacen de sí mismas se extiende a lo largo de todo el año 1997, en el transcurso del cual se irán precisando las denuncias y surgirán las primeras proposiciones en las que la prostitución se incorpora como un aspecto de la vida travesti.

> (Estamos impulsando un programa de educación) para que las compañeras puedan dejar la prostitución. Porque no pueden asistir a clase si de cada cinco días, tres estamos detenidas (*Página/12*, 7 de mayo de 1997).

El contenido propositivo de este testimonio puede vincularse a los otros citados más arriba por su matiz "particularista": al tiempo que los primeros reivindican el derecho a vivir la diferencia identitaria construida en torno a no ser varones ni mujeres y a tener prácticas sexuales que no perjudican al conjunto de la sociedad, el último testimonio reclama el derecho a gozar de programas especiales que se ajusten a esa misma realidad que tanto afecta a las travestis. El concepto de *desarrollos separados*, en términos de Ernesto Laclau (1996) parece tener un lugar privilegiado en la voz de las travestis durante este momento[17]. En todo caso, ellas se presentan fuera del sistema binario de género y como prostitutas.

---

[17] Este autor señala que la noción de "desarrollos separados" es la que está en la base de políticas como el *apartheid*. Según Laclau, "todo grupo que intenta afirmar su identidad en un contexto hostil está siempre confrontado por dos peligros (...) Si el grupo intenta afirmar su identidad tal como es al presente, dado que su localización en el seno de la comunidad en su conjunto se define por el sistema de exclusiones dictado

Segundo momento

Cuando en marzo de 1998 se aprueba el nuevo Código de Convivencia Urbana, la integración a la sociedad desde el lenguaje de los derechos reemplaza a lo que en el primer momento caracterizamos como *desarrollos separados*. Las asociaciones de vecinos pugnan porque se delimite una zona de la ciudad para el ejercicio prostibular, conocida como *zona roja*, a lo que las travestis contestan:

> Yo les pido a los vecinos que cuando vean los incidentes (agresión de travestis en las calles a los vecinos, a sus propiedades) los filmen o saquen fotos y hagan denuncias. Porque las peleas, las exhibiciones y el patoterismo están penados, cualquiera sea la condición sexual de los protagonistas. Los vecinos quieren crear un gueto, una especie de *Travesti Paradise*, donde nosotras podríamos trabajar, pero a costa de ser excluidas de la sociedad (*Clarín*, 11 de junio de 1998).

Mientras que las organizaciones de vecinos, aquéllas contrarias al libre ejercicio de la prostitución, aprovecharán los 180 días previstos para la sanción definitiva del nuevo código para hacer movilizaciones y reclutar la adhesión de los medios de prensa, las travestis se reúnen con organismos de derechos humanos, con organizaciones feministas y del MGLTT y B en pos de arribar a alianzas que se comprometan en el reclamo de sus derechos. El objetivo de conseguir la igualdad en el ejercicio de los derechos humanos ya ha impregnado el discurso travesti.

---

por los grupos dominantes, se condena a sí mismo a la perpetua existencia marginal de un gueto (…) Si, por otro lado, lucha por cambiar esta localización y por romper con su situación de marginalidad, tiene en tal caso que abrirse a una pluralidad de iniciativas políticas que lo llevan más allá de los límites que definen su identidad presente –por ejemplo lucha en el seno de las instituciones–. Como estas instituciones están, sin embargo, moldeadas ideológica y culturalmente por los grupos dominantes, el riesgo es que pierda la identidad diferencial del grupo que está en lucha" (1996: 91).

Igualdad y derechos para poder transitar y ejercer nuestra profesión como cualquiera, sin que signifique molestar a nadie es nuestro reclamo. Está bien que se castigue a los infractores, sean travestis o no lo sean (*Página/12*, 26 de junio de 1998).

En ocasiones, estas alianzas se proponen auto atribuyéndose un estatuto de igualdad con respecto a los actores sociales a quienes se busca como aliados. Si estos actores son las mujeres feministas, entonces, el eje del discurso estará puesto en compartir la subordinación de género; si ellos son los organismos de derechos humanos, se colectivizará la persecución policial. Las travestis aprovecharán también la presencia de conflictos sociales para hacer escuchar su voz. Uno de tales conflictos lo protagonizó el sector docente que, tras la búsqueda de un aumento salarial, escenificó su protesta levantando frente al Congreso Nacional una carpa —conocida como la *carpa blanca de los docentes*– donde de manera rotativa las/os docentes se sometían a una huelga de hambre. Allí se dirigió el travestismo y allí dijo:

Las travestis nos quejamos por la agresión que comenzamos a sufrir a los doce años, en que muchas somos echadas de nuestras casas y empezamos a vivir con la prostitución (*Crónica*, 6 de agosto de 1998).

La Asociación Madres de Plaza de Mayo fue también sujeto de la visita travesti. A ella le dicen:

Nosotras venimos porque también nos cazaban como animales en la dictadura. Y a explicar que peleamos para poder dejar de prostituirnos, que como todo el mundo nos discrimina no podemos vivir de otra cosa (*Página/12*, 12 de junio de 1998).

Las travestis se instalan en el debate público acerca de las regulaciones propuestas por el código, criticando la distribución desigual del trabajo y el empleo. La prostitución no es un trabajo sino el resultado de su falta[18]. El inequitativo acceso al mismo es manifestado con mayor énfasis en el posterior rechazo que las organizaciones travestis expresaron a posibles programas de *acción positiva*, a los que calificaron como soluciones parciales y enmascaradoras que sostienen dicha distribución desigual del empleo en tanto bien escaso. Estas posiciones constituyen una ruptura en el discurso travesti. Cuando un año atrás el colectivo había pedido programas especiales de educación que permitieran finalizar todo el período lectivo, ahora se oponen a ellos. No quieren el gueto o una política de *apartheid*, pero tampoco una democracia de cuotas o cupos.

La expresión más contundente de que durante el año 1998 el discurso travesti en el espacio público estuvo marcado por el reclamo del derecho a la igualdad ciudadana, lo constituyó la propuesta de candidatear a una dirigente del colectivo como diputada que impulsaron algunos integrantes del partido político que está hoy en el Gobierno. En esa ocasión, registra un matutino:

> El sistema nos ha excluido siempre y nosotras no queremos que nos integre el morbo del *talk show*. Nosotras queremos entrar en el sistema. Que la gente también pueda votar a una travesti sería lo más sano que le podría pasar a esta política enrarecida. Nosotras somos ciudadanas. Votamos, pagamos impuestos, vamos presas, pero también podemos ser legisladoras. Yo tengo claro que no merecemos el escarnio, la sensación de basura humana que nos quieren inculcar, la cárcel como único castigo, por querer reivindicar nuestra diferencia. Hoy, para nosotras, la lucha más fuerte está en los hijos (de los/as desaparecidos/as en la última dictadura militar), en las Madres de Plaza de Mayo, en los Familiares. Compartimos espacios. Nosotras estamos esclarecidas. Ellos se han abierto. Trabajamos mucho en la construcción de la identidad. Y el contacto con la política en la pelea por nuestros derechos también nos ha hecho construir nuestra

---

[18] Flavio Rapisardi (1999) realiza un análisis profundo sobre este aspecto en el marco del debate universalismo vs. particularismo.

identidad desde la concepción de ciudadanía (…) (*Página/12*, 7 de diciembre de 1998).

El derecho a ejercer la ciudadanía no es sólo el derecho al trabajo, la educación, la salud, es también el derecho a ser elegida por el electorado para desempeñar una función pública. Pero también en este segundo momento, la voz travesti se propone transformar aquellos esquemas de percepción que han construido al travestismo según el mandato que el patriarcado reserva para las mujeres. El matutino referido en el testimonio de arriba señala también que la entrevistada dice haber aprendido a ser mujer a partir de su relación con mujeres lesbianas y feministas; esto es, agrega, fuera del mandato patriarcal. Encuentra en ello el motivo por el cual ya no se desvive por el brillo y la lentejuela y construye su identidad lejos de aquella imagen travesti en la que estuvo encerrada durante años, cuando la noche era prostitución y cárcel y el día puro sueño.

Luego de un período de tiempo en el que el travestismo muestra a través de los medios su situación de vida, en el año 1998 su voz empieza a dar cuenta de ese aspecto subjetivo que Bourdieu (1993) atribuye a las luchas simbólicas, cuando el accionar individual o colectivo trata de cambiar de percepción y apreciación del mundo social. La realidad travesti ya fue mostrada, ya todos/as la conocemos. Entonces, las voces de este colectivo pugnan por cambiar aquel principio de organización social —y, por tanto, de visión del mundo— que, por omisión, excluía a las travestis de desempeñar cargos públicos y pugna también a la vez por cambiar su propio estereotipo travesti.

Tercer momento

Llegamos al año 1999 con un Código de Convivencia Urbana modificado. La prostitución continúa despenalizada pero se la reglamenta bajo el título "alteración a la tranquilidad pública". El ciclo completo termina cuando la Legislatura porteña prohíbe la oferta y demanda de sexo en las calles de Buenos Aires. En adelante, prostitutas, travestis y clientes que sean descubiertos/as proponiendo o solicitando servicios sexuales en los espacios públicos, podrán ser castigados con penas que comprenden el trabajo comunitario o multas que varían entre un mínimo de $20 y un máximo de $500 por día de sanción.

Durante los primeros meses del año 1999, cuando la prohibición de la práctica prostibular era ya casi un hecho, la prensa escrita registra las evaluaciones de las travestis con relación a las implicancias que ello tendría en sus vidas. Penalizar la prostitución es regresar a aquel momento en que, estando los edictos vigentes, travestismo y ejercicio de la prostitución eran una sola cosa. Las travestis, en situación de prostitución o no, serán detenidas por la policía o, a riesgo de ello, deberán recurrir al pago ilegal de una considerable cantidad de dinero.

> La cana nos levantaba en la calle y hasta en chancletas nos levantaban cuando hacíamos las compras. Ahora vamos a tener que ponernos con $300 por semana, como antes de la ley (*Página/12*, 6 de marzo de 1999).

Mientras el año 1998 se configuró como un escenario en el que la lucha de las travestis organizadas había podido separar travestismo de prostitución, identificando a ésta como resultado de la discriminación y exclusión social de la que son víctimas en razón de su identidad, la posibilidad de que el comercio sexual vuelva a ser penalizado en el año 1999, es valorada por las mismas organizaciones como aquello que volverá a soldar, al menos en la práctica policial, identidad travesti y prostitución. Las travestis serán detenidas aun cuando no estén trabajando en la calle. Si la prostitución volvía a ser una figura punitiva, entonces, aunque de manera encubierta, el travestismo mismo sería penalizado.

Por otro lado, mientras los años anteriores, las denuncias se habían centrado en al abuso de la policía; se suma ahora un actor más: la sociedad; más precisamente, los/as vecinos/as de la ciudad.

> La sociedad celebra que vuelva la represión. Venimos de la Legislatura para que no se corte la libertad que el Código de Convivencia nos brinda (*Clarín*, 5 de marzo de 1999).

Pocos días después de la sanción definitiva del Código, las denuncias de las travestis a la sociedad se acrecientan. En complicidad con los partidos políticos, los vecinos de la ciudad son, en la voz del grupo, los responsables de la criminalización del travestismo.

Esto va a ser un asco, van a volver las coimas, la policía se va a llenar con nuestra plata y todo porque estamos en un año electoral y hay que hacer buena letra para la gilada. ¿Dónde están los vecinos ahora? Cuando te cruzás con algunos todos te dicen que ellos no fueron, que ellos nunca hicieron nada para que te echaran los perros. Son unos hipócritas (*Página/12*, 7 de marzo de 1999).

El diálogo con la sociedad en general se va rompiendo y el travestismo pierde la presencia que antes había tenido en los medios de comunicación. La derrota de la lucha que las travestis organizadas habían iniciado dos años antes mostraba sus primeras señales. En los restantes meses del año 1999, la voz del travestismo organizado aparece en la prensa escrita en sólo dos situaciones más. Una de ellas comprometió a la Embajada de Inglaterra y fue en ocasión de la visita a Argentina del príncipe de Gales. Sesenta y siete travestis acudieron a la embajada de ese país para solicitar asilo político.

Pedimos asilo por la discriminación por orientación sexual e identidad sexual que existe en Argentina. Con la aprobación de la reforma del Código Contravencional y la vigencia de los edictos policiales somos víctimas de la violencia policial y legal. No podemos transitar libremente por nuestro país, somos sistemáticamente detenidas, golpeadas y hasta asesinadas por la policía (*Página/12*, 10 de marzo de 1999).

La segunda ocasión en la que las organizaciones travestis aparecen en la prensa escrita fue a mediados de marzo, cuando junto a asociaciones de derechos humanos, feministas y el MGLTT y B, convocan a una marcha callejera cuyo motivo es la protesta por la reforma del Código. La movilización es conducida por un altoparlante que no se cansa de repetir:

> Porque la policía puede llevar presos a los que no son todo lo blancos que hay que ser, porque reprimen a las travestis, a los inmigrantes, a los gays, por los presos políticos de Chile, por la no extradición de los presos peruanos (*Página/12*, 18 de marzo de 1999).

Situadas en los márgenes de una sociedad, junto a "negros", inmigrantes, a los presos políticos de Chile o de Perú, a los gays, las travestis organizadas desaparecen prácticamente de los medios hasta el mes de noviembre cuando se realiza la VIII Marcha del Orgullo GLTT y B. No obstante, algunas voces individuales seguirán siendo escuchadas; en ellas, la lucha por transformar las reglas que organizan el espacio social de las relaciones de género está siempre presente. Así por ejemplo, cuando en el mes de junio de 1999 muere en la Ciudad de Buenos Aires una conocida travesti de nombre Cris Miró, un matutino entrevista a una dirigente, también travesti, y solicita su opinión sobre el personaje recién fallecido.

> Llegando de varoncito, cambiándose para el show y yéndose otra vez de varón. Para cuando ella decide operarse las lolas, tomar forma definitiva de mujer, ya había varias miradas sobre nosotras. Hay un paralelismo entre aquella nueva Cris Miró, el afianzamiento de su identidad y la presencia fuerte de las travestis organizadas en los medios. Nosotras seguíamos siendo revulsivas para la sociedad que pagaba para ver a una travesti (en este caso Miró) famosa en el teatro. Miró encarnaba a la perfección el mandato patriarcal, esa obligación de parecer bajada de Venus, perfecta, producida como en Hollywood (*Página/12*, 2 de junio de 1999).

Miró, que se había negado durante toda su vida a cualquier tipo de activismo político, consiguió un título profesional presentándose como varón en el ámbito universitario mientras vivía como mujer en la noche porteña. Según el testimonio arriba presentado, fue gracias a la presencia callejera del travestismo organizado que la travesti recién muerta pudo asumir su verdadera identidad. Sin embargo, lo hizo reproduciendo y cumpliendo al pié de la letra el principio organizador de los géneros y ese es el motivo por el que fue aceptada por la sociedad, a diferencia de las "otras" travestis que contravienen el mismo principio.

Los tres años que comprometieron a las travestis en los debates aquí presentados constituyen un claro ejemplo de lo que Bourdieu (1993) caracteriza como *lucha simbólica*. En lo que llamé primer momento, las prácticas y representaciones travestis parecen estar más ubicadas en el lado objetivo de la lucha simbólica. Con un discurso de denuncia, las travestis organizadas ganan espacio en los medios de comunicación "contando" a la sociedad cuáles son sus condiciones de vida y logrando con ello hacerse visibles. Valorado el maltrato policial, la discriminación y exclusión social de la que son víctimas como un claro avasallamiento a los derechos humanos más elementales, el travestismo reclamará políticas específicas orientadas a mejorar su calidad de vida. No hay en este momento un cuestionamiento marcado del principio organizador de los géneros ni se lo percibe como el responsable de aquello que las conduce a la marginación.

En el segundo momento, el travestismo se presenta como sujeto de unos derechos que, al ser demandados, ponen en cuestión aquellas categorías de percepción y evaluación hegemónicas que excluyen a las travestis no sólo del acceso al trabajo sino también del acceso a puestos de decisión como lo son los cargos en el Parlamento. La práctica prostibular es separada de la identidad travesti y presentada o bien como una profesión más y tan legítima como cualquier otra o como la única opción que queda a las travestis.

Por último, la penalización de la prostitución asesta un duro golpe al travestismo organizado. El discurso travesti reconoce que con esa medida el delito que le concierne ya no será el de ser prostitutas sino travestis. El aspecto subjetivo de la lucha simbólica continuará presente, pero sólo a través de voces individuales y en ocasiones puntuales. El travestismo dejará de ser tema de moda, pero para entonces habrá logrado una legitimidad que, aunque reconocida parcialmente, sigue convulsionando el espacio social de los géneros. El éxito que esa legitimidad le confiera, dependerá, en último término, como el mismo Bourdieu lo señala, del grado de vinculación que con la realidad tengan las acciones y proposiciones, las prácticas y representaciones de las travestis. El trabajo no será sencillo en una sociedad claramente xenófoba y homófoba como lo es la argentina.

Capítulo 5

Cuerpo travesti

No es natural

Si la carne puede llegar hasta la mutilación para ofrecerse a la mirada del otro, es porque el cuerpo se sostiene en esa mirada.
Germán L. García, "Cuerpo, mirada y muerte"

"Cuando el médico dice aquello de 'ha tenido usted un niño o una niña', está exagerando mucho", decía Josep Vicent Marqués en uno de los capítulos, destinado a presentar el carácter cultural del género, de aquel memorable libro titulado *No es natural. Para una sociología de la vida cotidiana* (1982). Y si esas palabras del médico son una exageración, mucho más lo sería decir "ha tenido usted una travesti", aun cuando el travestismo es también resultado de un proceso cultural. En el camino a través del cual se arriba a ese *ser niño o niña,* será preciso adquirir una cantidad lo suficientemente abundante y rigurosa de símbolos masculinos y femeninos respectivamente.

Si regresamos por un momento al médico y sus palabras, luego de haber leído a Foucault y su primer volumen de *Historia de la sexualidad* (1978), hallaremos algunas pistas para entender por qué Marqués habla de exageración. En dicho volumen, Foucault deconstruye genealógicamente la noción de "sexo natural" como dato primario ya dado, para inscribirla dentro del modelo jurídico de poder. Según él, son las prácticas jurídicas, la laboriosa construcción de una *scientia sexualis,* las que han definido la sexualidad como un dispositivo que supone una oposición binaria entre los sexos. La construcción unívoca del sexo –"a cada uno un sexo y uno solo"– es producida al servicio de la regulación y el control social de la sexualidad. Ella oculta y unifica artificialmente una diversidad de funciones sexuales distintas y sin vinculación, para situarlas dentro del mismo discurso. Placeres corporales, funciones biológicas, formas de comportamiento, relaciones de los sujetos consigo mismos, son interpretados como manifestaciones o como signos de uno u otro sexo[1]. El sexo es, más precisamente, la matriz de disciplinas y el principio de las regulaciones.

En manos de la teoría feminista, el concepto de género también puso en cuestión esta idea de lo "natural", permitiendo con ello explorar cuestiones tales como la diferencia entre los cuerpos sexuados y los seres socialmente construidos. La distinción entre sexo y género sirvió para desnaturalizar la asimetría entre varones y mujeres. No obstante, estas mismas conceptualizaciones de género asumieron como dado el carácter binario de la sexualidad biológicamente definida y trasladaron esa lógica al mismo terreno de la generización.

Casi quince años después de la publicación de *Historia de la sexualidad (I)*, Judith Butler (1990) introduce en la teoría feminista algunas de las principales ideas de Foucault, y pone con ello en cuestión la categoría de género como construcción cultural del sexo o como el significado cultural que el cuerpo sexuado asume en un momento y contexto dados. La ganancia que, tanto desde el punto de vista teórico como político, el feminismo había conseguido separando el sexo del género y, con ello, el corrimiento de las explicaciones dadas a la subordinación de las mujeres, del orden de la naturaleza al orden de la cultura, comienzan a ponerse en duda. Aun admitiendo la existencia de un sexo binario natural y extra discursivo, pronto se vio –movimientos socio-sexuales mediante– que no hay razón para suponer que también los géneros sean

---

[1] Más precisamente, el pensador francés enuncia: "La noción de sexo permitió agrupar en una unidad artificial elementos anatómicos, funciones biológicas, conductas, sensaciones, placeres y permitió el funcionamiento como principio causal, pero también como sentido omnipresente, secreto a descubrir en todas partes: el sexo, pues, pudo funcionar como significante único y como significado universal" (1978:187).

dos. El presupuesto de un sistema de género binario conduce implícitamente, como ya lo he dicho, al siguiente razonamiento: o bien el género guarda una relación mimética tal con el sexo –dos sexos/dos géneros– que queda restringido a él, atado como un reflejo; o bien el género es independiente del sexo y queda a la deriva, pudiendo suponerse entonces que varón y masculino bien pueden designar un cuerpo de mujer y, por otro lado, mujer y femenino pueden designar un cuerpo de varón. Butler no se detiene en este punto, sino que busca indagar el proceso mediante el cual se oculta la operación discursiva que, inscripta en la misma categoría de género, produce la naturalización del sexo como pre-discursivo.

Los argumentos de Butler produjeron un cimbronazo en la teoría y política feministas, cimbronazo del que aún no han podido recuperarse, al menos en Argentina, donde la relativamente reciente presencia pública de travestis organizadas permitió que el debate sobre género, sexo, cuerpo y deseo se extendiera desde las aulas de la academia a las calles, inquietando y en muchos casos violentando a sus diversos/as protagonistas.

En este capítulo pretendo dar cuenta del proceso a través del cual las travestis incorporan algunos de los *marcadores corporales* de la feminidad y renuncian a otros despegando en esa operación su sexo "natural" del género "esperado" en virtud del primero, sin quedar, no obstante, a la deriva sino auto asignándose un género femenino como única opción en una sociedad organizada dicotómicamente. Allí, las travestis deberán aprender primero el significado social de ser una mujer y adquirir gradualmente los símbolos de la feminidad en orden a construir su identidad genérica. Y estos símbolos están vinculados al cuerpo. Como veremos, en este proceso que las mismas travestis llaman "travestización", intervienen cuestiones que tienen que ver con la inserción de sus cuerpos en el ámbito prostibular, con el hecho de tener un cuerpo sexuado masculino, así como con la orfandad en la que el mismo proceso se realiza, entre otros factores.

Debo decir, antes de dar paso a la voz de las travestis, que este capítulo ha sido el más difícil de elaborar. He invertido en él más tiempo que el dedicado a todos los otros sumados. Tan predominante es la noción de la dicotomía de género que muchas veces me he encontrado yo misma capturada por ella y por sus categorías conceptuales, aun cuando los testimonios recogidos hablaran de ambigüedad y disonancia del cuerpo travesti. He intentado, no obstante, evitar el supuesto referido a la existencia de un sexo y un género original al que, como bien dice Andrea Cornwall (1994), pertenecerían "realmente" las travestis. Sin estar segura de haberlo logrado completamente, espero al menos a través del relato de las vicisitudes de los *cuerpos travestis* descriptas en este capítulo, ser clara en la comunicación de mis propias dudas y oscilaciones para así provocar en otros/as investigadores/as el interés por seguir indagando en esta práctica cultural que tanto desconcierto (me) produce.

El detalle de la mirada

Las travestis construyen su cuerpo teniendo como horizonte para sus intervenciones un cuerpo femenino que es leído con la minuciosidad de quien lee un texto dramático que debe aprender de memoria para actuar luego. El reconocimiento de las formas femeninas, el detalle con que describen cada una de ellas, asombraría al/la más preocupado/a por su imagen corporal, cualquiera sea su sexo. Escuchando sus relatos yo misma conocí la silueta del empeine de mis pies, el ancho de mi maxilar inferior, la altura de mis pómulos, el grosor de mis brazos, el arco de mi frente. Ellas miran el cuerpo femenino de manera bastante diferente a como lo hacemos las mujeres. Esta observación me condujo a las preguntas: ¿Qué miran las travestis cuando observan el cuerpo femenino? O, más precisamente, ¿cuáles son los sitios corporales de significación de lo que es designado como femenino que privilegian a la hora de intervenir sus cuerpos?

"Las travestis nos ponemos siliconas en las caderas, para equilibrar el tamaño de la espalda. Los varones tienen la espalda más ancha que las caderas y hay que emparejarlas. También en la frente, la de las mujeres es más redondita y no tiene esa salida que tienen los varones. El mentón es otro lugar de inyección de siliconas, en los varones es más duro y más salido para afuera. También en la parte de adentro de las piernas, para completar el espacio de la chuequera. Muchas se ponen en la parte de arriba del pié."

La lista continúa.

"Las tetas es lo principal, y la cadera y la cola; pero también los pómulos, para levantarlos. Las siliconas se ponen en donde se te ocurra. Hay algunas que se ponen en los brazos, porque los ven flaquitos o porque no les gusta verse las venas o los músculos, que son de varón. Yo tengo medio (litro) y medio (litro) en la cadera y en la cola y eso que soy una de las que menos tiene."

Cada una de esas intervenciones están orientadas, según puedo interpretar a partir de estos testimonios, a borrar aquellas marcas corporales visibles que pudieran reconducirlas al sexo biológico del cual provienen y, por ende, al género del cual quieren separarse. En igual dirección sitúo algunas notas de campo que tomé, durante el año 1999, en ocasión de haber participado como asistente en tres talleres de prevención de HIV/SIDA en la población travesti, cada uno de los cuales fue coordinado por dos travestis. Uno de los ejercicios contemplados en la actividad consistió en nombrar distintas partes del cuerpo y caracterizar a cada una de ellas con una emoción, sentimiento o imagen. La tarea era individual y los resultados se compartían luego en una reunión plenaria. A excepción de los genitales masculinos, de los que me ocuparé más adelante, el resto de las partes del cuerpo fueron todas evaluadas en términos que comparaban los cuerpos masculinos y los femeninos, otorgando valor positivo a aquellas formas que más se aproximaban a los últimos y negativo a sus contrarios. A modo de ejemplo: los pies eran estimados como normales sólo si escapaban al tamaño que habitualmente tienen los pies de los varones, de lo contrario, el sentimiento expresado revelaba disconformidad y enojo con ellos; el rostro en su conjunto fue valorado en gran parte de los casos con nombres tales como "diferente", "distinto", pero remediable a través del uso de maquillaje; del mentón, el rasgo más negativamente valorado fue la barba, a cuyo lado algunas dibujaban una pinza de depilar.

Otorgar proporciones armónicas a espalda y cadera, corregir los arcos de las piernas, evitar la notoriedad de músculos y venas, aumentar el hueso frontal, etc., son todos objetivos de un proyecto cuyo fin es lograr un cuerpo femenino. Ahora bien, este cuerpo femenino, meta del proyecto, se encuentra atravesado en su proceso de construcción por dos narrativas. Es un cuerpo que, por un lado, se construirá sobre la base de un relato del cuerpo masculino que las travestis habitan cuando inician su travestización. Es en una comparación permanente con éste que van modelando el cuerpo futuro. Para lograr la corporalidad femenina hay que dialogar con la propia, que es masculina y que deberá haber sido leída también exhaustivamente. Acceder a la "gramática" del cuerpo femenino obliga o supone conocer la del cuerpo masculino; y no sólo la "lengua" sino también, para tomar el par saussureano, su "habla". En efecto, así parece revelarlo una informante al relatar la cautela con que ha consumido hormonas.

"No te olvides que yo tengo el mismo organismo, tengo que guiarme por mi propio organismo. Por eso es que yo tomé pocas hormonas, porque si hubiera tomado muchas, a esta altura ya hubiera estado llena de pelos. Porque lo que ocurre es que vos tenés hormonas masculinas en tu cuerpo, tomás hormonas femeninas, (entonces), las masculinas salen con más fuerza y tu piel de muñeca de la adolescencia se pierde."

El cuerpo masculino está siempre presente en la transformación corporal de las travestis, sea para borrar sus marcas o para tenerlas a la vista y prever futuros contratiempos. Pero decía anteriormente que hay otra narrativa que interviene en las modificaciones del cuerpo que hace el colectivo en estudio. Ese cuerpo será activamente modelado según otros cuerpos, también ellos narrativizados: el de mujeres y travestis en prostitución y el correspondiente a las vedettes. Con justicia, podría contestarse a esto que algo similar sucede cuando las mujeres miramos nuestros cuerpos e intervenimos sobre ellos modificándolos –ya sea para quitarles edad, peso o rasgos anatómicos que no nos conforman–. Lo hacemos, como las travestis, sobre la base de un cuerpo narrativizado, por ejemplo, a través del discurso de la moda y belleza femeninas. Es cierto, pero algunas diferencias merecen ser establecidas. En el caso del travestismo, la transformación corporal elegida está orientada a superar el límite del cuerpo propio en lo que a su conexión con el género respecta. Esta no es una situación equivalente a la de las mujeres biológicas que transforman su cuerpo para acercarlo al ideal, como no lo es tampoco del hecho de que mientras para éstas dicha transformación se realiza a través del acompañamiento de la sociedad y sus instituciones, adoptar los signos de la feminidad es, para el travestismo, un trabajo solitario o, en todo caso, asistido sólo por la comunidad travesti. Las intervenciones sobre el cuerpo, sea a través del consumo de hormonas o la inyección de siliconas, se hacen de manera oculta a la familia en el primer caso y lejos de ella en el segundo.

¿De dónde provienen, entonces, los signos corporales, el estilo en el vestir o el adornarse, así como los gestos y comportamientos que las travestis adoptan y usan luego?, ¿sobre la base de qué narrativa femenina se auto construyen? Aquéllas para quienes es urgente la necesidad de discutir temas referidos a la identidad son quienes nos proporcionan las primeras respuestas a estas preguntas.

"Como yo no había querido ser varón, ese chico salteño, camisa abierta, peludo, que domaba caballos, entonces, sólo me quedaba ser mujer, la paisanita de las dos trenzas. El problema era que mi papá era de una agrupación de gauchos y quería vestirme de gaucho. Mi papá me subía al caballo y yo empezaba a los gritos, era un gaucho *re fashion*. Entonces, si yo no quiero ser varón, entonces, seré mujer y ahí vino entonces que no podía ser cualquier mujer. Yo tenía que estar así (adopta posiciones exageradamente femeninas). Una anécdota graciosa es que cuando salía con un tipo a cenar, me pedía una milanesa y comía solo la puntita, porque pensaba que por ser mujer no podía comer mucho. Después iba a mi casa y me agarraba la olla de guiso, porque soy de muy buen comer.

Una señorita en público no debe comer demasiado. La imagen que me habían metido de la mujer era la peor. Yo me crié con la imagen de las prostitutas, las únicas aliadas que yo tuve fueron las compañeras prostitutas. En mi época, o eras Moria Casán o eras una mariquita de cuarta, penosa, que no se te acercaba nadie. Tenías que ser un jarrón. Por eso hay una diferencia entre nosotras y las jovencitas, el modelo ahora es Nicole Neuman, todas lolitas, de pelito largo. Entonces, nosotras (las integrantes de la Asociación Lucha por la Identidad Travesti y Transexual), nos pusimos a discutir, loca, el tema de nuestra identidad. Nosotras no éramos ese macho, viril, que no habíamos querido, pero éramos esas minas. Tenemos que construir al travestismo basado en las mujeres, pero mujeres reales, las mujeres tienen olores, sabores. Por otro lado, la vida de ellas no es la de Valeria Mazza."

De manera activa y consciente, las travestis modifican su cuerpo teniendo como referente, aunque de manera fragmentaria y estereotipada, el cuerpo de una mujer prostituta o de una vedette y, más recientemente, el de modelos publicitarias profesionales cuyo físico raya con la anorexia. Los cuerpos travestis son modelados y remodelados para corporizar, en el sentido fuerte del término, discursos situados social e históricamente, referidos éstos tanto al sexo como al género. Y uno de estos discursos es el relativo a la prostitución. El cuerpo travesti al que me refiero en este estudio es un cuerpo inserto en el ambiente prostibular, por tanto, es un cuerpo para cuya construcción intervendrán imágenes pertenecientes a ese dominio o en diálogo con él.

"El tema de la imagen también tiene que ver con el trabajo en la calle. Si no tenés una imagen no trabajás. Una cosa por la que una va cambiando su imagen es lo que te dicen en la calle, en la prostitución. Lo que te dicen tus compañeras travestis, pero también las prostitutas mujeres te dicen qué cosas tenés que ir cambiando en tu cuerpo para trabajar mejor. Ahora se está cambiando. Antes, una travesti sin pechos grandes, directamente no podía ni ir a bailar. Te decían que eras un loco que estabas desprestigiando a la raza."

Ya sea que los referentes sean mujeres o travestis en prostitución, vedette o modelos publicitarias, e incluso cuando la razón para adoptarlos esté indisociablemente relacionada al trabajo prostibular, lo cierto es que prescindir de esos referentes pone en conflicto a las mismas travestis con su identidad y desconcierta a un público para el que el travestismo es exuberancia y exageración femenina. Los cambios en la imagen femenina estereotípica no se producen sin costos.

"Me ha pasado cuando vienen a hacerme una nota periodística y me ven así, dicen: 'Ésta es la madre de la travesti, ¿dónde está la travesti?'. Porque lo que esperan es una rubia platinada, toda producida. O si no, cuando empieza la nota, me dicen: '¿Por qué no te ponés un poquito de color, te pintás los labios?'."

En el mundo occidental moderno, el sexo es confirmado a través de un conjunto de marcas corporales dentro del cual la genitalidad juega el papel más destacado, aunque también tendrán su parte las características sexuales secundarias. Cuando las superficies corporales visibles no alcanzan a confirmar el sexo, y no son pocas las situaciones en que esto sucede, entonces hay que recurrir a atributos de género tales como el vestido, los adornos, los gestos, actitudes comportamentales que han sido distribuidas y sacralizadas como propias de cada uno de los dos géneros vigentes. Si acaso todo esto no fuera aún suficiente, disponemos "afortunadamente" en Argentina del documento nacional de identidad en el que figuran las precisiones pertinentes: el *sexo* para referirnos el género, el *nombre* para hablarnos del sexo y del género, y el *estado civil* que, salvo en el caso de los/las solteros/as, permite levantar toda sospecha sobre sexo, género y opción sexual a la vez[2]. Si por un momento donde dice

---

[2] Esto que parece una broma no lo es tanto. En un ensayo inédito, titulado *Mujer o el poder de ser* (2000), la poeta Mónica D'Uva, a modo de crítica de algunas de las categorías que han sido fundacionales al movimiento feminista, relata, en estilo ficcional, lo sucedido en una fiesta de lesbianas a la que concurrieron dos personas desconocidas cuya apariencia confundió a las organizadoras. Como no podían saber si eran varones o mujeres, luego de indagar a hurtadillas sus cuerpos y formas y no habiendo logrado,

sexo ponemos género, el perfil asignado no varía demasiado. ¿Cómo se confirma en nuestra sociedad la pertenencia a un género?, ¿bastan el vestido, los adornos, gestos, actitudes comportamentales o cualquier otro atributo concedido a esa categoría? Temo que no. Las dudas que cualquiera de ellos pudiera generarnos nos conducirán, casi automáticamente, a observar aquellas marcas corporales comprometidas en los cuerpos sexuados, poniéndonos entonces del lado de la naturaleza y no de la cultura. Como señala Butler (1990), para que las identidades genéricas sean inteligibles a la matriz heterosexual que regula los cuerpos y los deseos en la vida social occidental, se requiere que los géneros guarden cierta coherencia y contigüidad con los cuerpos sexuados. Este es un hecho que pasa inadvertido para quienes habiendo nacido "hembras" o "machos" nos convertimos en mujeres o varones respectivamente; pero no lo es tanto para quienes recorren un camino diferente y eligen un género que contraviene al que les corresponde en razón del sexo.

¿Cuál es entonces la estrategia que, en este marco, se dan las travestis para garantizar su acceso a un género que no guarda contigüidad con el cuerpo biológico? Las travestis no sólo se "visten" de mujer, también travisten su cuerpo, lo "visten". El cuerpo es el capital, no por material menos simbólico, que ellas invierten para acceder al género femenino. Con excepción del pene, que no se quitan pero que sí ocultan, atenderán a todas las demás superficies visibles, borrando los marcadores propios del sexo masculino, y a ello sumarán el vestido, los adornos, gestos, etc. A los fines de evitar el peor tabú de esta sociedad, es decir, la ambigüedad, deberán elegir, tal como lo señala Annick Prieur (1998), formas corporales y adornos específicos de las mujeres: muchas mujeres tienen glúteos pequeños, pero sólo las mujeres los tienen grandes; sólo las mujeres usan maquillaje y sólo ellas usan tacos altos; muchas tienen caderas estrechas, pero cuando son anchas es seguro que estamos en presencia de un cuerpo femenino. El vestido, los adornos, las intervenciones con siliconas, el consumo de hormonas y las cirugías plásticas son parte de la identidad corporal,

---

pese a ello, saber cuál era su sexo, les solicitaron el documento nacional de identidad. Como resultaron ser mujeres biológicas pudieron participar de la fiesta.

pero lo son dentro de un discurso ya elaborado que percibe, adjudica y regula esa identidad dentro del género.

El proceso

El empeño puesto por las travestis en la transformación de la apariencia corporal empieza, como ya vimos en capítulos anteriores, tempranamente. A los primeros vestidos femeninos se irán sumando intervenciones más definitivas e, incluso, irreversibles. Los primeros intentos de concretar el proyecto de cuerpo femenino se hacen a través del consumo de hormonas femeninas que, en la mayoría de los casos, comienza en la adolescencia y para cuya obtención muchas jóvenes travestis se prostituyen. De manera general, estos primeros pasos suelen darse en ámbitos frecuentados por otras travestis que ya han experimentado dicho consumo.

"Conocí a una travesti en una fiesta, en Jujuy. Yo iba a la terminal siempre y, camino a la terminal, había una casa de una marica bien conocida y yo lo miraba, siempre había maricas ahí, movimiento en la casa. Y después fui a visitarla. Cobraban entrada, me acuerdo, siempre había una fiesta, fiesta roja, fiesta blanca, siempre había una fiesta. Ahí me vestí de mujer y conocí a una travesti. Bueno, estábamos ahí. Había chicos como yo, de doce o trece años y otro de treinta, pero todos como yo. Todos mariconeando, como una terapia. Y llegaron cuatro travestis, a una no la querían dejar pasar. Le dijeron: 'No, mujeres no'. (Ella contestó): 'No, yo soy travesti', dijo. Yo escuché esa palabra y no sabía qué quería decir travesti, yo la escuchaba como si fuera un apellido. Las otras que venían con ella se veían como putas, ella no. Ella era como una mujer mujer. Y ahí, me explicó que eran maricones, pero yo no entendía nada. Me explicó que tomaban hormonas y le crecían los pechos. Y yo casi me muero, decía: ¿Cómo, dónde, qué pastillas toman? Yo quiero. Yo, imaginate, alucinaba. Yo estaba sorprendidísima. Y me fui con ella después de la fiesta y yo no podía creer, la miraba, la miré toda la noche mientras dormía. Y yo fui y compré cajas y cajas de hormonas."

También en gran parte de los casos, son otras compañeras travestis quienes enseñan a las principiantes la farmacología, los preceptos y posibles cambios devenidos como consecuencia del insumo de hormonas. Con éstas empiezan las primeras modificaciones corporales, y la manera en que se las experimenta es diversa. En algunos casos, el relato sobre el consumo de hormonas no sólo se refiere a cambios corporales sino también a otros relacionados con un comportamiento sexual que, si se desobedece, reconducirá a sus usuarias al mundo masculino del que se quieren alejar.

"Lo primero que sentí (al tomar hormonas) fue que dejé de tener erecciones, ya tenía pechos, chocha, porque yo creía que ya era mujer. No podía acabar porque me habían dicho que si acababa iba a volver a ser hombre. Y yo no quería acabar nunca, volví a acabar cuando tuve diecinueve años. Se me había metido eso en la cabeza. Empecé a sentir un dolor grande en los pechos, un dolor que no podía apoyar nada, sentía una pelotita que crecía y crecía."

Se establece en esta cita una relación –que simultáneamente se rompe– entre género masculino y sexo, más precisamente, genitalidad expresada a través del funcionamiento sexual. Ser varón no es sólo tener pene sino permitir que éste funcione según los dictados de la naturaleza. Por otro lado, esta vinculación asume un carácter histórico que será, por tanto, susceptible de cambio. En otras palabras, aquellos esquemas de percepción y evaluación que fueron corporizados por las travestis en su camino hacia el género femenino, serán cambiados en el curso del tiempo según determinadas situaciones de relación, siendo una de ellas el ejercicio prostibular. Como vimos en el capítulo anterior, es muchas veces este ejercicio el que conduce a las travestis a, en sus términos, "despertar al pene"; lo cual no implica abandonar el género femenino sino desvincularlo del sexo anatómico y de las funciones corporales asociadas a él.

El cuerpo, percibido todavía como un cuadro que no ha recibido aún la última pincelada, será materia de otras intervenciones. Las siliconas aseguran el paso siguiente. En efecto, la inyección de ellas tiene un fuerte impacto emocional en la vida de las travestis, sobre todo si está destinada a hacer surgir los pechos femeninos. Empezar a vivir con ellos es comenzar a despreocuparse de aquel cuerpo que, sin siliconas, podía ser descubierto en su masculinidad, sea ésta la de un homosexual o un transformista. Los pechos femeninos logrados con siliconas son la marca que evitará en adelante y de manera definitiva cualquier confusión de género y también, por tanto, la marca con la que podrán ser reconocidas como travestis auténticas.

"Vivir con tetas no fue un cambio exterior, yo vivía con rellenos antes. Fue un cambio interior. Estaba más tranquila, no estaba tan obsesiva, tan detallista. Antes era muy detallista y ese detallismo te lleva a que no salgas, de tan detallista. Estaba relajada, tranquila. Ya no necesitaba mostrar un escote, no necesitaba mostrar. Hay muchas compañeras que, cuando están siliconadas, muestran y muestran, por inseguridad, para diferenciarse del gay, decir no soy gay, soy travesti, mirame. Las tetas son algo distintivo, que te marcan para no volver atrás. Te marcan como travesti, como lo que sos. Es como una cruz que te marca llevar tetas. Claro, no una cruz que llevás cargando, sino como un distintivo. Es algo que dice: bueno, ya no soy más un gay, un transformista. Con el relleno sólo te sentías como un transformista y si una travesti te miraba, te decía: sos un gay disfrazado."

Lograr un tórax con formas femeninas implica poder recortarse, como travestis, del espacio de los homosexuales al que estaban integradas cuando no las tenían y también del transformismo, término que puede igualarse al *drag*.

"*Travestisarse* es un viaje de ida sin pasaje de vuelta. A diferencia de los homosexuales y los transformistas, incluso de las lesbianas, nosotras no podemos elegir cuándo visibilizarnos y cuándo no. Somos siempre visibles. ¿Te imaginás?, ¿dónde voy a esconder tremendas tetas? Pero sí podemos elegir cómo hacer nuestro cuerpo."

Los pechos femeninos son uno de los sitios más fuertemente valorados como signo corporal femenino y, por tanto, más deseado por las travestis en su proceso de transformación; una vez adquiridos se abre la puerta al género femenino.

No obstante, aun cuando la identidad de género que empieza a asumirse una vez que se ha producido la inyección de siliconas es, en algunos casos, femenina, las informantes valoran que la experiencia vital que ellas tienen con las nuevas formas es diferente a la que tienen las mujeres.

"Tener pechos fue una satisfacción total, es muy lindo. Es como me imagino que debe ser lo mismo que sienten las nenas cuando le están saliendo pechos. La sensación me parece que es muy similar. Con la diferencia de que yo salí a lucirlos, jamás los oculté, como lo hacían las compañeras de la secundaria que se encorvaban para ocultar los pechos. Los disfruté muchísimo. Después me puse otro cuarto (litro) y cuarto (litro), que es lo que tengo ahora."

Como antes con el consumo de hormonas, el cuerpo travesti "sabe" que, aun incorporando marcas femeninas, éstas tendrán en sus vidas una significación diferente a la de las mujeres. Al tiempo que la percepción física es igualada a la de las niñas (biológicas), la experiencia cultural que viven mujeres y travestis con los pechos femeninos es distinta. De alguna manera, se produce una separación entre orden cultural y orden biológico y se crean dos cuerpos que llevan inscripciones sociales diferentes entre sí. El cuerpo travesti con pechos femeninos es un cuerpo para mostrar, el cuerpo de la mujer adolescente es un cuerpo para ocultar; quizás porque en el primero mostrando los senos se exhibe el género elegido, situación que está "garantizada" ya en el otro caso. Pero también el cuerpo travesti "sabe" que el proyecto corporal en el que está comprometido para su entrada al género femenino tiene límites: la posibilidad de dar a luz es uno de ellos. Cuando esto no se reconoce, entonces, aparece la burla.

"Hay algunas que tienen la fantasía de tener un hijo. ¡Se pegan cada viaje de mujer!, se *flashean* con que son mujeres. ¡Cada viaje de hormona se dan!"

Aunque retomaré en el apartado que sigue la discusión sobre el cambio de sexo, me permito ahora hacer una breve referencia dado que el límite que en relación a la maternidad reconocen las travestis interviene también cuando el tema de la entrevista es la operación de los genitales. Uno de los impedimentos claves que manifiestan las informantes para consagrarse absolutamente como mujeres es la maternidad y este impedimento convierte al cambio de sexo en una estrategia inútil que, lejos de facilitar el acceso al género femenino, resuelve el intento de manera engañosa. Dice una travesti:

"Operarme los genitales es renunciar al placer, entonces no. Correría el riesgo si se pudiera tener un hijo, si pudiera engendrar o gestar en mi vientre. Pero está tan lejos que ni lo pienso. Lejos para mí, al menos. No es entonces una necesidad, no quiero que nadie me acepte a través de las concesiones que haga. Yo se que jamás voy a poder engendrar, jamás me van a poner escarpines rosas, así que hay un punto de diferencia grande. Además, hay que respetar a la mujer, respetar la feminidad y no usurparla, tenerlo como aspiración, pero saberlo diferente. Para mí sería una mentira, un engaño, operarme y crear un mundo de fantasía de mujer. No, porque llegado el momento, de todas maneras, voy a tener que explicarle a mi pareja que hay un montón de cosas que jamás voy a poder hacer, como por ejemplo, tener un hijo, proyectar una familia".

Ese cuerpo, llevado a repetir las formas femeninas para acceder así al género elegido, aspira a ser bello y deberá, por tanto, ser arrancado del reino de la naturaleza y conducido al de la cultura; proceso que en la vida travesti va acompañado de un gran sufrimiento físico[3]. Cuando realizaba

---

[3] Distinto es el caso de la autodenominada artista performativa de nombre Orlán, quien interviene quirúrgicamente su cuerpo, al que llama cuerpo obsoleto, como ex-

las entrevistas, fui invitada a participar en calidad de observadora a un proceso de inyección de siliconas. Tratándose de una invitación que las informantes caracterizaron como "invitación a lo más privado de nuestra vida" y que, según manifestaron, fue expresión de la confianza que en ellas había ganado, acepté asistir a dicho proceso.

Boca abajo, tirada sobre una cama, una joven recibía inyecciones de siliconas en los glúteos mientras mordía la almohada para soportar el dolor y se sonreía, seguramente pensando en que después del dolor su cuerpo adquiriría la forma deseada. De un bidón de plástico blanco se llevaba el espeso líquido a los tazones que, finalmente, alimentaban las jeringas. A través de una gruesa aguja, las jeringas se vaciaban lentamente bajo la piel de los glúteos que, gradualmente, se volvía morada. Un algodón embebido en perfume hacía las veces de desinfectante y un esmalte sintético, usado habitualmente como barniz para uñas, sellaba el agujero que la aguja dejaba en el cuerpo, "para que no se salga la silicona", me explicaron.

La confianza que había ganado no resultó ser gratuita. Conocer la vida travesti desde adentro, contada por sus protagonistas, como tantas veces había declarado yo misma al comenzar mis entrevistas, no era sólo una cuestión de prender el grabador y hacer preguntas. Conmovida por esas prácticas crueles y esas condiciones materiales sépticas, únicos medios por los cuales las travestis pueden asegurar el cumplimiento de su proyecto corporal, recordé lo que una de sus dirigentes decía en un taller sobre identidad que tuvo como motivo presentar un programa de salud para lograr que este tipo de intervenciones se hicieran en hospitales pú-

---

presión de un arte de vanguardia. Las operaciones de Orlán son filmadas y mostradas luego en galerías de arte para el consumo cultural. La diferencia es que, como hacía notar una travesti que concurrió a un teatro porteño donde la mencionada artista exhibió su obra en Buenos Aires, sus operaciones no sólo se realizan con anestesia para evitar el sufrimiento sino que un equipo completo de médicos la acompañan. Con tono irónico, la travesti presente preguntó a la visitante cómo podía ella interpretar el hecho de que mientras sus operaciones visitaban las galerías de arte del mundo, las travestis de Argentina debían inyectarse siliconas en cuartos oscuros, lejos de todo control médico y, por supuesto, de toda exhibición pública rentable.

blicos: la inyección de siliconas sin los cuidados médico-sanitarios requeridos es la tercera causa de muerte de esta población.

"Con el primer cuarto y cuarto me quedaron chiquitas y medio deformadas mis tetas. Después me hice otro *touch*. Pero las siliconas no te las sacás más. Es una monstruosidad lo que hace una con las siliconas y más monstruosidad las que te la ponen. Imaginate que esa persona con la que yo me las hice poner hace trece años, imaginate las miles de siliconas que puso. Está en la cultura travesti, las siliconas están en la cultura travesti. Imaginate la aguja, chancho le dicen, es gruesa, imaginate un sorbete con punta. Una pelota se te hace, te duele. Y después te pegan con esmalte o pegamento, la *Gotita,* porque te queda un agujero, te ponen esmalte en el algodón y lo pegan. Te quema un poco y a algunas esa manchita no se les va nunca más, les queda la quemadura."

En la voz de otra travesti:

"Se empieza con un cuarto, porque la piel no tiene capacidad, se tiene que ir estirando. Si te ponés más de un cuarto o un octavo, depende de los tipos de piel, no toma volumen de pecho sino que tiende a correr y queda el pecho duro y chato. Este tema de las siliconas no lo hacen los médicos, a lo sumo una enfermera o alguien que sabía algo de enfermería y así es como se estropearon muchos cuerpos, murió mucha gente. La aguja es tan gruesa, como el tanque de una lapicera *Bic*, es tan gruesa que te pegan con la *Gotita* (un pegamento de uso doméstico) para que no se te salga por el agujero que te deja. Es algo complicado".

Las mismas informantes describen detalladamente, incluso, los riesgos a que se ven sometidas cuando deciden inyectarse siliconas, lo que en sus términos recibe el nombre de "siliconarse". De manera habitual, las siliconas colocadas, por ejemplo, en la caderas, para aumentar su volumen, se desplazan gradualmente hacia las piernas provocando enfermedades como flebitis. Existe un pacto de silencio entre las propias travestis sobre este tipo de consecuencias que, en la mayoría de los casos, se explican apelando a razones tales como un golpe imprevisto, no haber realizado el suficiente reposo, entre otras.

No obstante estos datos, conocidos por todas las travestis, la inyección de siliconas parece constituir el pasaje hacia la consolidación de una nueva identidad y, como tal, no puede ser eludida. Las travestis más jóvenes, sin embargo, no abusan de este tipo de intervenciones y las restringen sólo a ciertas partes del cuerpo; aquéllas en las que el implante de prótesis es más difícil y caro.

"Tengo medio y medio en las caderas, en los pechos no, porque estoy esperando tener plata para una prótesis, porque es menos riesgo. Hay muchas que mueren por las siliconas. En los pechos uso corpiño armado. Quiero prótesis porque es más seguro, menos riesgo. Cuando tenés siliconas, en el verano, te transpira todo, te hace mucho calor. Cuando en el frío te golpeás te duele terrible, no se te va el dolor por un montón de rato. Y los colágenos son muy duros, no dan para las caderas."

Este cambio, que podría ser de orden generacional, es atribuido al accionar de las asociaciones travestis. Ellas se ocupan de persuadir a las principiantes a no usar siliconas y juntar el dinero necesario para poder acceder luego a una prótesis. Las informantes más jóvenes han optado por tomar este camino.

El cambio de sexo

La resistencia a una intervención quirúrgica que "iguale" genitalidad masculina a femenina, es absoluta en los testimonios recogidos en el curso de este estudio. Aún cuando hubiese existido como una posibilidad en la que las travestis pensaron alguna vez en el transcurso de sus vidas, fue siempre descartada. Para algunas, el activismo político fue lo que las persuadió de no operarse.

"Si hubiera podido me hubiera operado los genitales, pero no tenía dinero para hacerlo. Después, con el tema de la militancia… la militancia fue lo que me quitó la idea de la operación. A través de la militancia pude hablar más con las transexuales, con travestis, con gays, con lesbianas. Todo eso me llevó a pensar si estaba pensando en operarme por mí o por una situación exterior. Si era algo estético o algo personal, si lo hacía por mí o por la gente, si lo hacía por mí o por una pareja. Me empecé a preguntar cómo iba a llegar a semejante punto. Hoy, si tuviera que hacerme las tetas otra vez no tendría problemas, me las haría miles de veces más. La otra operación no."

A la tensión entre lo que es un deseo propio y una expectativa ajena se suma otra, derivada de una situación que es muy frecuente en la vida de las travestis: la cárcel. Cuando la policía detiene a las travestis por contravenir, actualmente, el Código de Convivencia Urbana, éstas son llevadas a cárceles masculinas y allí se ven obligadas a compartir las celdas con presos varones que abusan de ellas, en el mejor de los casos, a través de la burla y el insulto; en los peores, las travestis son violadas y golpeadas. Aún cuando el cambio de sexo podría evitar este tipo de maltratos, las informantes afirman que no está en sus planes.

"Muchas chicas, por ejemplo, en épocas de cárcel, cuando te mandan a cárceles comunes, con los varones, decían que ellas querían operarse para zafar. En los días más desesperados de mi vida, habiendo estado hasta 45 días presa, salir a trabajar una noche y volver a la cárcel otros 45 días, ni aun así pensé operarme. No entiendo la idea de mutilar mi cuerpo, dañarlo, bajo ningún punto de vista."

La operación de los genitales es claramente visualizada por las travestis como la auto conversión en transexuales, el recorte entre una y otra identidad no presenta dudas. Al tiempo que en la voz travesti las transexuales prescinden del placer sexual, ellas se niegan a ello reconociendo que el acceso al mundo femenino no está tampoco garantizado por una operación de este tipo.

"No me operaría los genitales, el paso a la transexualidad no lo haría, no me parece algo que yo tenga que hacer por convicción. Me parece que es algo que generalmente hacemos para convencer al resto, para demostrar que somos mujeres y nos dejen de molestar. Es una intervención demasiado grande. Yo creo que tenemos que respetar lo que traemos. Para mí mi cuerpo es sagrado. Además, hay tantas terminaciones nerviosas que ninguna operación puede ser tan buena como para conservar la sensibilidad para el sexo como la que tengo hoy o conseguir otra como que la que tiene la mujer. Entonces, ¿para qué?"

Resulta paradójico que un cuerpo que ha sido tan violentado, a través del consumo de hormonas y la inyección de siliconas, resigne la operación de los genitales, signo corporal de masculinidad por excelencia, bajo el argumento del respeto hacia aquello que se trae de manos de la biología. Parecería que la "sacralidad" del cuerpo está situada en la mayoría de los testimonios en el placer corporal. No hay en el travestismo aquello que muchos/as estudiosos/as del transexualismo atribuyen a éste: no hay género femenino atrapado en un cuerpo masculino; hay un cuerpo que, aun cuando deba ser intervenido para acompañar al género, se resiste a la posible pérdida de placer.

Aún cuando algunas entienden que el cambio de sexo contribuiría a distinguirlas de los homosexuales, ello no constituye un argumento de tanto peso como lo es el placer sexual que consiguen con sus genitales masculinos.

"La diferencia (entre gay y travesti) es que ser gay, yo no quería ser mariquita, quería vestirme de mujer, andar como mujer, además, yo me sentía mujer. No aceptaba estar como gay, hombre, con barba, bigotes y tener una relación homosexual. De hecho, cuando comienzo, comienzo pensando en una operación futura que hoy, con treinta años, no la haría porque ya no podría disfrutar con los órganos sexuales que tengo. Me puedo poner prótesis, cambiar la nariz, pero no hacerme la operación grande porque quiero seguir sintiendo, no quiero ser un ente viviente."

No obstante la negativa a cambiar el sexo biológico, los genitales son ocultados por las travestis mediante complicados métodos que ellas llaman "trucarse". El "truqui" es, precisamente, el nombre dado al pene cuando se lo esconde. Como participante de los talleres de prevención del HIV/SIDA que señalé al comenzar este capítulo, pude acceder, directamente, a las valoraciones atribuidas por las travestis a sus genitales. El "truqui" fue valorado por algunas participantes como una molestia: "Es algo que me molesta"; "es algo incómodo y molesto, mayormente cuando usamos pantalón"; "molesta cuando me ducho"; "está de más", fueron algunas de las sensaciones negativas registradas. En otros casos, sin embargo, el pene aparece vinculado a emociones positivas: "Me gusta mucho, me hace sentir cosas lindas"; "es bien proporcionado y estoy satisfecha con él". Una relación, por demás sugerente, fue la que estableció una de las travestis entre truqui y seducción. Ella señaló: "Me gusta la sensación de esconder algo que la gente, la normal, lo busca".

Es interesante observar, una vez más, cómo aun cuando la genitalidad masculina es una fuente de molestia, nunca lo es tanto como para modificarla. Las travestis saben que renunciar al pene implica prescindir del orgasmo a través de la eyaculación. Además, tratándose de seres insertos en la prostitución, como es el caso de esta investigación, ellas saben también la poca utilidad que la operación tendría en el marco de las transacciones con los clientes. La decisión de una operación para el cambio de sexo nunca llega a la vida travesti, sea para no perder una fuente de placer propio o un instrumento para el juego de seducción con otros. Y esta situación no cambia siquiera para aquéllas que dicen tener una vida sexual exclusivamente pasiva[4].

Como señala Andrea Cornwall (1994), es dislocando los marcadores de la feminidad y la masculinidad de los cuerpos femeninos y mascu-

---

[4] Las manipulaciones que las travestis imponen a sus genitales para ocultarlos pueden engañar a sus clientes, quienes muchas veces las invitan al intercambio sexual pensando que son mujeres. Ellas mismas han construido una tipología de tales intercambios cuyos nombres son anal, bucal y vaginal, siendo éste último llamado en ocasiones peneal, y es el que más cuidado requiere si se pretende evitar que el cliente descubra el fraude y reaccione violentamente.

linos que las travestis representan al género como aquello susceptible de ser activamente modelado. Ellas construyen su feminidad sin ningún tipo de sostén; se trata de una construcción que carece de apoyo y acompañamiento social. Es claro que la sociedad no valida la elección de las travestis por un género femenino contenido en un cuerpo masculino; el único lugar de validación de esto es el asociado a la prostitución. Pero también el proceso de travestización es solitario en otro sentido. Puesto que en el sistema de género binario occidental ciertas partes del cuerpo tienen la misión de significar género e, incluso, de predecirlo, las travestis encuentran, en la falta de esas partes, una orfandad adicional. Ellas deberán acceder al género femenino sin el sustento de esas partes o marcas corporales feminizantes. Por otro lado, a diferencia del carácter predominantemente inconsciente del proceso de generización que experimentamos los/as sujetos que habiendo nacido "hembras" o "machos" nos convertimos en mujeres y varones, las travestis llevan al acto una ruptura con lo que de ellas se espera en razón de su sexo, ruptura que es resultado de una elección consciente.

De acuerdo con Annick Prieur (1998), para las travestis la anatomía no es destino: ellas crean su cuerpo y crean su apariencia. El cuerpo es cambiado desde el estatus de lo "dado" al estatus de lo adquirido. Y no sólo eso, en el proceso de travestización, las travestis develan que lejos de ser el cuerpo el punto de partida para los procesos psicológicos y sociales que implican al género, es un resultado de éstos.

Las travestis no son las *barbines* de Foucault, cuerpos originalmente ambiguos sobre los que la sociedad inscribe el discurso "a cada uno un sexo y sólo uno"; ellas construyen su propia ambigüedad haciendo un cuerpo de varón y de mujer y conviviendo con éste. Renunciar completamente al primero implicaría renunciar al placer y no es lo que ellas quieren. Pero al mismo tiempo que construyen su propia ambigüedad, intentan borrarla adoptando marcas corporales femeninas como los pechos, ocultando el pene y acudiendo a otros signos también femeninos como el vestido, el nombre, los gestos y el comportamiento. Para acceder al género femenino en la sociedad occidental moderna hay que "parecer" mujer, hay que presentarse ante la mirada social como tal y esta mirada está puesta también en las superficies corporales visibles. No hay ambigüedad prediscursiva como la que Foucault atribuía a Barbin, la ambigüedad travesti es una ambigüedad (construida) que lleva inscripto el discurso de género, pero no como expresión del sexo sino como acto performativo.

Las travestis separan su biología de los signos femeninos que adoptan y en esa operación parecen dar cuenta de aquel género al que se refiere Butler (1990), un conjunto de actos estilizados que dan la apariencia de una esencia femenina. Como dice Prieur (1998), ellas toman el género muy en serio: pechos femeninos y barba no son una buena combinación, como tampoco lo son travestismo y maternidad. Ahora bien, ¿implica esto que las travestis refuerzan el género femenino, como parece insinuar la autora mencionada, contestando a Jean Braudillard y su afirmación referida a que las travestis revelan al género como un fraude? Si el gesto travesti disuelve el género lo hace por un camino que merece una reflexión más profunda. El travestismo parece ubicarse en ese recorrido que va del sexo al género sin despegarse, pero tampoco adhiriéndose completamente, a ninguno de los dos. Las travestis se presentan a mis ojos como sujetos nómades en tránsito hacia un género pero que, en tanto éste sea la insignia de la diferencia sexual, nunca lo alcanzarán completamente o no serán sino rehenes del mismo. En una sociedad organizada en torno a géneros binarios y excluyentes, cualquier combinación que contravenga este principio regulador de cuerpos y deseos conduciría al lugar de no sujetos. Sin embargo, la experiencia travesti, como señala Mónica D'Uva en el ensayo ya citado, "nos posibilita observar el sistema sexo/género desmontado y vuelto a montar (…) la experiencia travesti corroe los límites de este sistema" (2000: 4) y, en este sentido, constituye una impugnación al principio organizador del espacio social de los géneros.

Reflexiones finales

Comencé este trabajo relatando mi encuentro con el travestismo y el modo en que éste sacudió muchas de mis propias pre-comprensiones del espacio social de los géneros y las categorías de las que me servía para pensar las relaciones que lo estructuran. Las preguntas que le dieron origen se plantan sobre ese suelo inestable, sacudido por la experiencia misma. En el comienzo, esas preguntas pretendieron apenas señalar una primera dirección con vistas a lanzarme en algo que —lo sospechaba— se convertiría en un proceso de aprendizaje sobre una realidad que me enfrentaría inevitablemente a nuevas sorpresas y encuentros: ¿cómo estructuran las travestis de la Ciudad de Buenos Aires sus representaciones de género? ¿Refuerzan estas prácticas identitarias la definición social de los géneros y las relaciones de dominación, al tiempo que contribuyen a reproducirlas? ¿Abren estas prácticas un nuevo (tercer) espacio identitario entre los estrechos márgenes permitidos por los esquemas binarios de división y clasificación de los géneros? ¿O representan ellas, por su irreductibilidad, alguna forma de cuestionamiento al concepto mismo de género al punto de poner al desnudo el carácter productor de subjetividades normalizadas de dicho concepto?

Como suele suceder, al releer estas preguntas desde el "final" del recorrido, las alternativas que plantean se muestran tal vez demasiado esquemáticas, incapaces de contener las idas y las vueltas, los atajos, encuentros y desencuentros que forman parte de todo caminar; tanto más si se tiene en cuenta el modo en que se fue definiendo ese caminar. La consigna metodológica que busqué asumir como central fue la de evitar partir de un objeto ya dado (el travestismo), a fin de permitirle, por el contrario, que se construyera paso a paso. La identidad travesti no podía, en modo alguno, ser considerada como dada, como algo que estaba allí y que debía ser descubierto y ubicado en relación con alguna de las alternativas planteadas. Más bien me propuse abordarla como un proceso en movimiento cuyo drama debía comprender a través de la investigación. En el afán por acompañar y desentrañar ese proceso, pude verlo "coquetear" con las distintas vertientes de interpretación que otras y otros habían ido construyendo a través de estudios anteriores.

Como ya he dicho, inicié esta investigación con el firme propósito de abordar el travestismo como un fenómeno que sólo se mostraría a sí mismo dentro de campos de relaciones producidos por las subjetividades travestis, allí donde ellas luchan por ser reconocidas y por abrir espacios para su propia existencia. Pero la estructura y las apuestas que iban definiendo esos campos no siempre coincidían con la lógica que había organizado mis interrogantes. Si el objeto no estaba dado desde el principio, el proceso de su construcción muchas veces lo alejaba de las redes de preguntas con las que había intentado sujetarlo.

Gran parte de lo que había por descubrir ya ha sido dicho a lo largo de este trabajo; en muchos sentidos, la voz de las travestis ha hablado con tanta fuerza por sí sola que, más allá del esfuerzo teórico por sistematizar sus contenidos de acuerdo a la metodología seleccionada, temo que cualquier otro comentario no sea sino mero plagio de la voz de las travestis. Por ello quiero, en estas conclusiones, plantear sólo dos breves pasos. En el primero, volver sobre el camino recorrido para recapitularlo y recoger algunas de las huellas que fueron quedando. En el segundo, revisar esas huellas a la luz de las preguntas planteadas o, incluso, revisar las mismas preguntas.

Recapitulación

Es casi obvio anotar que el travestismo irrumpe en Argentina –al igual que en muchas otras sociedades– como un fenómeno anormal que incomoda a la sociedad y la interpela desde sus márgenes. Confundido primero en el conjunto más o menos genérico de "desviaciones sexuales", el travestismo es inscripto en el mundo del delito, construido como un mal que amenaza la cohesión y el sentido mismo del proyecto de sociedad que se estaba construyendo. Las travestis formaban parte del "cuadro de la mala vida" junto a un amplio y heterogéneo conjunto de personajes que van desde el homosexual y la prostituta hasta el pequeño estafador o el ladrón profesional.

Poco a poco, sin abandonar nunca el bajo mundo de los mal vivientes, los "desviados sexuales" ingresan a los consultorios médicos organizados de la mano de un discurso científico sobre las sexualidades anómalas que busca ubicar los orígenes, clasificar los síntomas, ordenar las variantes, proponer curas y controlar los efectos de tales anomalías sobre el "cuerpo social". Sexualidad, orientación sexual, comportamiento y roles sexuales son todas categorías que se construyen en este proceso y comienzan a formar parte de los discursos médicos. Pero también, sobre todo en algunos países europeos y en EE.UU., son categorías retomadas en otros discursos sociales e, incluso, en los primeros intentos de los grupos de diversidad sexual por articular una voz propia, ya sea como transformación paródica del discurso medicalizado o como parte de un contradiscurso. Cuando este lenguaje abandona los consultorios y comienza a ganar la calle, distinciones como sexo/género contribuyen de alguna manera a la despatologización de ciertas prácticas sexuales y a la desregulación médica de unas identidades que comienzan a reclamar su derecho a existir.

La experiencia de las travestis en Argentina muestra, sin embargo, que la prisión, el consultorio y la calle, más que momentos que se suceden en una posible genealogía del travestismo, son dimensiones que aún hoy continúan estructurando el mundo en el que las travestis viven e intentan ser quienes son. ¿Cómo es ese mundo? ¿Quiénes llegan a ser ellas en este mundo?

Las identidades, genéricas o no, no son fenómenos inmanentes a los sujetos que estos puedan definir por sí mismos, sea a través de procesos más o menos heroicos de auto producción o de la progresiva revelación de alguna esencia inicialmente oculta o reprimida. Somos quienes somos como resultado de procesos de elaboración y de respuesta a las interpretaciones que los/as otros/as hacen sobre nosotros/as mismos/as. Estos procesos, además, no transcurren en un vacío sino en espacios surcados por interpretaciones heredadas que restringen los campos de libertad y definen las posibilidades identitarias. La familia y la escuela son espacios fundamentales donde estos procesos comienzan a desarrollarse.

Para las travestis que participaron en esta investigación, un conjunto de prácticas, sensaciones y deseos que se viven y experimentan durante la infancia, y que están vinculados a cosas como el juego, la atracción por otras personas, el propio cuerpo y su apariencia en general, comienzan tempranamente a ser percibidos como amenazantes en la interpretación de los otros. Esa pluralidad de prácticas, sensaciones y deseos pronto comenzará a ser escrutada a la luz de las primeras percepciones respecto de la existencia de dos sexos. La sexualidad, como señalara ya Foucault, organiza esas variables en una unidad que define sentidos que las atraviesan y les otorgan coherencia. Y es cuando esta coherencia es percibida que la conciencia de una diferencia comienza a perfilarse: "Me di cuenta de que había dos sexos y que yo no estaba en el lugar que quería".

Esta diferencia no tiene inicialmente un nombre, pero genera cada vez más adversarios. Padres, madres, hermanos/as, maestros/as, compañeros/as, van tejiendo una red de significados que no sólo permiten descubrir un mundo dividido en dos sexos: también imponen la consigna de ajustarse a esa división. Lo construido revela la fuerza de lo dado. Los matices y la diversidad de papeles que las travestis desempeñan, se inscriben dentro de esta matriz de significados y sólidas consecuencias, en la que estos niños buscan definir qué hacen y cómo organizar sus deseos y prácticas.

La intervención del discurso médico y la resignación familiar a la improbabilidad de la cura, definen la gravedad y la fatalidad de un destino que signará el carácter crítico y dramático de la construcción identitaria. Con el tiempo, las preferencias sexuales, la atracción por personas del mismo sexo, comienzan a ser utilizadas para dar nombre a la diferencia: *homosexual, puto, marica, mariquita*. Las estrategias de ocultamiento de esta diferencia ya construida como tal, y el desempeño más o menos clandestino de las prácticas, deseos y atracciones ya organizadas a partir de la misma, sostienen y protegen un espacio en el que la actuación de género ocupa un lugar cada vez más importante.

Vestirse de mujer en la intimidad del cuarto, marca el comienzo de la representación de una identidad de género que agrupa y organiza un conjunto de prácticas que trascienden la sola orientación sexual. Esta actuación se construye a partir de un libreto elaborado a través de fragmentos reunidos a partir de la interacción con niñas, de la exploración del ropero familiar, de la identificación con personajes como Cleopatra (en lugar de Nerón) o Remedios de Escalada (en lugar de San Martín). Las murgas del carnaval o las fiestas escolares son los únicos escenarios de actuación "pública" de esa identidad clandestina en los que la diferencia puede expresarse y ocultarse al mismo tiempo.

El distanciamiento con la familia de origen permite abrir un espacio para la actuación de género en donde ésta puede desplegarse con una nueva libertad. La intolerancia, la humillación y la soledad de la habitación familiar quedan atrás para dar paso a la calle como espacio de despliegue de la identidad. El abandono de las prendas masculinas, la construcción de una apariencia femenina y la elección de un nuevo nombre son los primeros capítulos de un texto más estructurado que adquiere una destacada centralidad en la representación de género. Es ésta, y no ya la preferencia sexual, la que da nombre ahora a la diferencia: ser travesti es vestirse de mujer, mostrar el cuerpo, desarrollar disposiciones, hábitos y gestos generizados en esta dirección.

Pero tampoco la calle, como antes la familia y la escuela, es un espacio vacío. Es, sobre todo, la calle de noche, el mundo de la práctica prostibular, y también la alternancia con la cárcel. Para las travestis, sin embargo, la calle es mucho más que un mundo sombrío y clandestino, mucho más que los golpes y las detenciones, mucho más que la única fuente posible de ingresos. Es, fundamentalmente, el lugar en donde pueden "ser ellas mismas", un escenario en todo apropiado para la realización de un glamoroso espectáculo cuidadosamente preparado que "lamentablemente sólo tiene lugar de noche". En esa escena ellas actúan una identidad frente a la mirada de un "público": los clientes. Allí experimentan posibilidades identitarias, formas de presentación de sí mismas, que les están vedadas en la cotidianeidad. El sistema de pupilaje, la relación con otras travestis en prostitución, con las mujeres prostitutas, la confrontación con la policía y la relación con los clientes, les permitirán apropiarse de las claves de ese mundo hasta transformarse en sus experimentadas protagonistas. La calle es el lugar donde aprenden a ofrecer su identidad como espectáculo, donde pueden reconstruir su autoestima, donde sus deseos negados pueden cobrarse pequeñas venganzas. Las motivaciones que la calle autoriza son tan decisivas para el ejercicio de la prostitución como las exclusiones sociales que arrojan las travestis a ella.

El guión preparado para esta actuación de género proviene de escenas construidas sobre la base de un estereotipo de mujer definido. El modelo no es el de cualquier mujer, sino el de la prostituta, la vedette: "O sos Moria Casán o sos una mariquita de cuarta". Progresivamente, sin embargo, la interacción con los clientes, la experiencia de sí mismas en el marco de esa interacción, la alternancia de estrategias movilizadas en los distintos escenarios, van abriendo un universo desbordante de nuevas posibles actuaciones. Sexualidad y erotismo, roles sexuales, marcas de género, comienzan a emerger y a explorarse de formas variadas, aun cuando no se cuente con esquemas perceptivos y nombres que puedan dar cuenta de tal pluralidad.

El vestido, la apariencia, el maquillaje, los gestos y las posturas de las travestis son el producto de una cuidadosa tarea de "producción" que insume horas de paciente trabajo. Y si es cierto que ello forma parte de la escenificación de la propia identidad, no es menos cierto que esta actuación es más "real" que la cotidianeidad vacía a la que la luz del día las relega: "Vestime de gaucho si querés —decía una de ellas a la policía— total mi alma de mujer no la vas a poder tocar". Esta "alma" generizada, por su parte, se inscribe en el cuerpo travesti y lo modela.

La transformación del cuerpo, su regenerización, parte de una minuciosa lectura de la figura femenina o, mejor, de relatos elaborados en torno a la misma. La prostituta despampanante, la vedette, la modelo anoréxica y adolescente, son el modelo narrativizado que se busca imponer al propio cuerpo. No sólo pechos femeninos, caderas y vellos son estudiados y trabajados para eliminar toda marca visible que pueda reconducir a las travestis al sexo biológico del cual provienen y, por ende, al género del cual buscan separarse: la curva del empeine de los pies, la altura de los pómulos, el diámetro de los brazos, el arco de la frente, son igualmente escrutados y moldeados con la pasión y el detalle de un artista que no sólo se compromete con su obra sino que se identifica existencialmente con ella.

El proceso de regenerización del cuerpo pasa de los vestidos escondidos en el cuarto a intervenciones definitivas e, incluso, irreversibles. El consumo de hormonas, la inyección de siliconas, se realizan en condiciones de alto sufrimiento y riesgo de vida, pero marcan un paso importante, y sin retorno, hacia la propia identidad. Cualquiera sea el vestido, en adelante el "alma" lleva marcas expresas de género que nadie podrá borrar.

Eventualmente, sin embargo, estos cuerpos desobedientes que se obstinan en traicionar una y otra vez las marcas esculpidas con dedicación y sufrimiento, comenzarán a ser explorados, recuperados, vividos –a menudo conflictivamente– en dimensiones que no estaban previstas en los modelos narrativizados de la corporeidad femenina, pero que, sin embargo, tampoco los devuelven al mundo en contra del cual recortan su identidad. Los signos de un *ethos* emergente que asume el "cuidado de sí", la capacidad de placer del propio cuerpo, el cuestionamiento a los estereotipos femeninos, comienzan a escurrirse por los bordes de la rígida organización de los sexos y los géneros que estructuran tanto los intercambios que se producen en el escenario como los papeles que en ellos representan. Tampoco hay palabras ni esquemas que permitan interpretar estos desplazamientos que desbordan las coordenadas definidas por las categorías establecidas. Son éstas, por ende, las que se utilizan para nombrarlos, aun cuando en ocasiones se lo haga volviéndolas contra sí mismas. Mujeres que no aceptan resignar el placer que permiten sus penes; generizaciones feminizantes que advierten sobre el riesgo de "pegarse un viaje de mujer"; formas de erotismo que no se inscriben en la imagen de varones ni vedette, son motivos de una prosa que traduce en ambigüedad la carencia de un lenguaje capaz de trascender las categorías que se utilizaron para construir el mundo y para ubicarse a sí mismas dentro de él.

Muchos de estos desplazamientos se ven de manera muy distinta bajo la plena luz del día, cuando la calle es la plaza pública y los interlocutores los medios de comunicación. Allí las travestis irrumpen, junto a otros grupos de diversidad sexual, constituyéndose en un colectivo que busca hacer oír su voz en el espacio público y, haciéndolo, la hacen resonar para sí mismas junto a la voces y los gritos –la mayoría de las veces escandalizados– que su presencia suscita. Las reglas de este mundo, huelga decirlo, son muy otras de las del espectáculo de la noche con sus paradas, clientes, policías, vestidos provocativos, tráfico de deseos, erotismos plurales, cuerpos lastimados y orgullosos a la vez.

Empujadas fuera de la escena en la que la identidad de género se sostiene como resultado de la necesidad de ampliar el horizonte donde esa identidad pueda ejercerse, ¿cómo se presentan a sí mismas las travestis en estos espacios? ¿Cómo existen en ellos? La discusión con organizaciones gays y lesbianas, los debates entre los distintos grupos travestis, la interacción con los/as representantes políticos, la participación en deliberaciones legislativas, la confrontación con "vecinos/as" de la ciudad y con instituciones como la Iglesia, la construcción de "la sociedad" como interlocutor, inauguran un nuevo espacio en el que la identidad busca afianzarse en condiciones muy diferentes y en un marco colectivo.

En este marco, todavía estrecho, pero ampliado al ritmo de coyunturas específicas, se desarrollan facetas que difícilmente se hubieran movilizado en el escenario anterior. El estereotipo de la vedette y la prostituta, ya desbordado en muchas prácticas identitarias, no deja de hacerse ruidosamente presente en las comparsas que atraen la atención de los transeúntes y las cámaras de televisión en las marchas que ocupan plazas históricamente ocupadas por obreros, partidos políticos y manifestaciones populares. Como la "Bella Otero", las travestis transforman esos estereotipos en muecas burlonas que pretenden desnudar la hipocresía de políticos/as, vecinos/as e instituciones sociales. Pero, en ese proceso, comienzan también, ineludiblemente, a asumir nuevos papeles que abren un espacio más amplio para la reorganización de sus identidades y la búsqueda de esquemas de interpretación de sí mismas. Víctimas de una persecución injusta, grupos marginados que exigen políticas sociales específicas, ciudadanas sujetas de derecho, minorías que reclaman la libertad para decidir sus formas de vida: las travestis –al menos algunas de ellas–, desbordan sus propios referentes y abren espacios para nuevas exploraciones identitarias: "Tenemos derecho a disfrutar el sol, la playa y todos los espacios".

Esta incursión en el espacio público permite a las travestis organizadas explicar y superar un pasado de violencia y exclusión, transformar su auto imagen, y desplegar la posibilidad de una identidad construida fuera del mundo del ejercicio de la prostitución como medio de sustento y escenificación de sí mismas. También abre nuevas posibilidades de relación con el propio cuerpo en las que las coerciones del género y la sexualidad se debilitan para dar paso a formas –si se me permite– más reconciliadas de subjetividad: "Lo más bello que me pasó en mi vida… fue el día que hice la paz con mi cuerpo, cuando me miré al espejo y dije: 'L. tiene tetas, tiene pija, es gordita, esto es y se van al carajo".

¿Reforzamiento de las identidades de género, tercer género o de-construcción del género?

Para finalizar, quisiera volver sobre las preguntas que estuvieron en la base de la tarea de investigación. En primer lugar, ¿podemos afirmar a partir de la evidencia recogida que las representaciones y prácticas identitarias de las travestis se mueven dentro del paradigma socialmente dominante de los géneros y que, por tanto, ellas no hacen sino reforzar dicho paradigma?

El conjunto de la literatura agrupada bajo el nombre de travestismo como reforzamiento de las identidades genéricas, se inclina por verlo como una actuación identitaria que por momentos toma la forma masculina y por otros la femenina. Las relaciones entre sexualidad, orientación sexual y género son analizadas en términos agónicos. Las construcciones sociales de estas dimensiones manifiestan, desde la perspectiva de los/as actores a los que estos estudios buscan dar expresión, una solidez y resistencia que contrasta con la imagen de libertad y pluralidad que aparecen planteadas en el espacio del tercer género. En la lucha por recomponer identidades, las referencias siguen siendo los patrones definidos por el paradigma de género entendido binariamente. En este contexto, la construcción de la diferencia sexual y su inscripción en los cuerpos se constituyen en un terreno de confrontación inevitable, donde la orientación sexual se define en un escenario atravesado por estereotipos y roles predeterminados.

No obstante, no se puede negar que la *hipótesis del reforzamiento* tiene puntos fuertes donde apoyarse. No cabe duda que el modelo de referencia, la imagen femenina sobre la que las travestis elaboran su identidad, es un modelo generizado e, incluso, fuertemente estereotipado de mujer: la prostituta, la vedette y a veces —aunque esto no se reflejó en nuestras entrevistas— la madre. Sus prácticas identitarias se construyen desde temprano a partir de un lenguaje generizado.

Más aún, varios de los rasgos del proceso de construcción de la identidad genérica que enfatizan los/as autores/as que parten de esta hipótesis podrían verse respaldados por las evidencias que se han reunido en este trabajo. Sobre la base de estas evidencias podríamos suscribir con Barreda (1995) la tesis de que las travestis interpretan, modelan y experimentan su cuerpo esforzándose por separar el orden biológico del orden de la cultura, con referencia a un texto ya escrito sobre la mujer en el que se subrayan —y hasta exageran— rasgos fuertemente generizados. Del mismo modo, con Silva (1993), se podría afirmar que ellas se elevan por encima de su condición biológica asumiendo roles y tareas generizadas a través de un combate permanente con su biología en el que "todo debe ser femeninamente acabado". En el conflictivo y difícil proceso de feminización emprendido por las travestis (Ekins, 1998), hay sin duda elementos en los que el orden de los géneros, a veces rígidamente demarcado, se proyecta en un escenario fantástico donde la identidad encuentra un espacio para desplegarse y vivirse (Woodhouse, 1989).

Sin embargo, hasta aquí, creo que esto es sólo una parte de la historia. Y una parte que sólo dice aquello que sabíamos desde el principio: que las identidades —y no sólo las travestis— se construyen dentro de un orden socialmente atravesado por relaciones y representaciones generizadas, o que el lenguaje socialmente disponible en los procesos de construcción de identidad es siempre lenguaje generizado. Los resultados de las entrevistas me llevan, sin embargo, a sostener que si éste puede bien ser un punto de partida legítimo, no parece ser en cambio el punto de llegada o el vértice desde el cual puede ser comprendido el fenómeno del travestismo. Más aún, quiero sostener que las prácticas identitarias de las travestis, o de algunas de ellas, desbordan el propio lenguaje que utilizan. Dicho de otra manera, muchas de estas prácticas no pueden ser adecuadamente analizadas y comprendidas como partes o momentos de un proceso de reforzamiento de la división dominante de los géneros.

En muchos casos, la imagen más apropiada para ilustrar este obstáculo es la de deseos, placeres y prácticas que, reorganizados y significados a través de principios de división de géneros, se encuentran muy poco a gusto dentro de esos esquemas de interpretación. A medida que aquéllos se exploran y reelaboran a través de las relaciones e interacciones con otros, llegan a desbordar esos esquemas y comienzan a buscar otras alternativas que les permitan desarrollarse con mayor libertad. No hay un *telos* prefijado y único que organice estos procesos de construcción de identidad y que los explique de una vez y para siempre. La experiencia de las interacciones en el trabajo prostibular, con el propio cuerpo y las formas de presentación de sí en el escenario público, nos muestran más bien la existencia de procesos abiertos a la experimentación y con finales —si los hubiera— abiertos, aunque sin duda condicionados.

El problema con la hipótesis del reforzamiento es que parece saber desde siempre aquello que se trata de conocer y demostrar. Las premisas mismas sobre las que se estructura determinan los resultados mucho antes de que se empiece a trabajar para obtenerlos. El punto de partida lo constituyen, entonces, cuerpos biológicamente varones o biológicamente mujeres, y un orden cultural que construye, ordena y subordina lo femenino a lo masculino. La construcción de la identidad travesti es, dentro de este marco, una migración, un "viaje" siempre problemático desde un género a otro; pero un viaje que nunca logra cortar las amarras con el puerto de partida: la sexualidad biológica del varón. Las evidencias que se reúnan quedan entonces apresadas en este rígido marco impuesto por el/la investigador/a, aun cuando las interpretaciones pudieran proyectarse en direcciones muy diferentes.

Es por ello que, para Barreda, el travestismo equivale, por así decirlo, a un largo y difícil viaje que una y otra vez retorna al punto de partida y que, por ello, jamás logra alcanzar su meta. El cuerpo esculpido con la mirada puesta en modelos estereotipados de mujer denuncia siempre su realidad masculina; se reduce, finalmente, a una suma de "signos sin historia, sin cualidades, simple volumen" que se presenta como mujer en el mercado de las imágenes y que, en el mercado de los cuerpos, vuelve a desempeñarse como varón. Para Woodhouse este viaje es, incluso, el de un yo varón que crea un yo femenino de fantasía produciendo como resultado una mujer sintética que no es sino su propia proyección. Las travestis pueden creer lo que quieran: para la autora, ningún esfuerzo o sacrificio logra arrancarlas de su origen biológico. En el mejor de los casos, no serán sino un varón que se domina a sí mismo. En Ekins, este viaje, si bien parece arribar a la consolidación de la feminización, a través de un proceso gradual de deslizamiento más rico en posibilidades y más complejo en su travesía, no dejará por ello de estar anclado en la misma estructura básica.

El enfoque del *tercer género,* por su parte, rompe con las bases del modelo del viaje al impugnar el dimorfismo sexual y abrir la posibilidad a diversas construcciones genéricas. Ya no hay un punto de partida y otro de llegada sino múltiples alternativas posibles de uno y de otro lado. En cada una de éstas, además, las relaciones entre sexo y género no son relaciones jerarquizadas en las que la primera tenga primacía sobre la segunda (Roscoe, 1996). Esto es, no sólo se cuestiona el dimorfismo sexual sino el modelo biocéntrico que organiza los géneros (Bolin, 1996). Los cuerpos naturales son definidos culturalmente, tanto como lo son los géneros. Y esta definición no exige que sean dos —de hecho, en muchas sociedades no lo son—. La razón fundamental, para Roscoe, es que en esas definiciones intervienen una gran cantidad de procesos, instituciones y creencias (parentesco, roles sexuales, religiosos, laborales, etc.) difícilmente comprensibles a partir de un esquema bipolar que ordene y subordine sexos y géneros.

A partir de este esquema de múltiples sexos, múltiples géneros y múltiples combinaciones entre ambos, es posible construir miradas más abiertas a los procesos de construcción de identidades travestis así como las evidencias reunidas sobre dichos procesos. Situado en el marco de las comparaciones interculturales, el modelo del viaje parece ser reemplazado por el de una matriz con múltiples entradas y salidas que, a través de procesos históricos y culturalmente determinados, da lugar a la definición de múltiples trayectorias identitarias posibles. Son estas trayectorias las que se busca identificar dentro de la categoría de tercer género o géneros supernumerarios.

Cuando este marco se traslada a las sociedades occidentales, los márgenes de libertad se reducen y las trayectorias se presentan como culturalmente definidas. La hipótesis del reforzamiento de los géneros es retomada aquí como un modelo de análisis abierto a la crítica proveniente de procesos concretos y situados de construcción identitaria. Las comparaciones interculturales de la antropología han flexibilizado el modelo inscribiéndolo en un *campo de posibles* más amplio, dando lugar al análisis de evidencias que se resisten a ser reconducidas a interpretaciones bipolares. El trabajo de Bolin transforma la matriz en un *continuum* socialmente definido entre cuyos extremos despuntan múltiples posibilidades identitarias. La imagen es también la del viaje, pero la de un viaje cuya travesía está abierta al descubrimiento y la exploración de nuevos caminos no previstos en la hoja de ruta socialmente definida.

Este modelo permite interpretar con mayor propiedad las evidencias que resultan del trabajo de investigación al valorar y otorgar un lugar importante a aquellas prácticas y representaciones identitarias que, muchas veces formuladas en un lenguaje generizado que parece volverse sobre sí mismo y subsumirse en una forma paradójica, desborda el paradigma mismo del sistema sexo/género. Permite también comprender los testimonios y las prácticas de las travestis como exploraciones difíciles, llevadas adelante en espacios sociales fuertemente estructurados por relaciones de género pero abiertos a la creación y a la sorpresa.

La tercera hipótesis, *deconstrucción de la categoría de género*, puede suscribir varias de las afirmaciones anteriores, tales como la impugnación del dimorfismo sexual y la ruptura con el modelo biocéntrico de los géneros. Su crítica, es que este enfoque se queda también a mitad de camino. Si las identidades desbordantes de las travestis (Lemebel, 1997) pueden ser entendidas como un tercero, no es tanto porque se sitúen entre dos polos de un *continuum* sino porque desestabilizan todas las categorías binarias (Garber, 1992) y las delatan en tanto que efectos de un discurso normalizador y regulador que se encubre a sí mismo. Varón/mujer, masculino/femenino, sexo/género, son formas discursivas dominantes cuya artificialidad se vuelve manifiesta frente a la emergencia de estas identidades desordenadas y abyectas (Butler, 1990). Más que nuevas posibilidades, lo que ellas hacen es traicionar, delatar el pacto de inteligibilidad de los géneros subvirtiendo su significado.

Las travestis, junto con otras identidades nómades y tránsfugas repiten, representan y escenifican paródicamente el lenguaje de los géneros y denuncian al género como una realidad *performativa*, como un conjunto de actos carentes de un núcleo ontológico que las determine. Al hacerlo, nos permiten ver los sexos como cuerpos generizados y a los géneros como dispositivos de inteligibilidad que nos impiden comprender la diversidad de interpretaciones culturales y singulares posibles, no sólo de eso que llamamos travestismo, sino también de eso que llamamos mujer o varón. Al decir de Braidotti (1994), el travestismo es una de estas identidades nómades que se construyen como ficción política, ficción que nos permite pensar más allá de las categorías establecidas.

La paradoja del travestismo —si la hay— no reside en las representaciones de género sino en las identidades logradas a través de difíciles procesos de transición en los que los puntos de llegada no suelen ser estables ni únicos. Sea que se lo conciba como un complejo proceso de feminización, como refugio de una masculinidad rechazada, o como una práctica identitaria que siempre deja traslucir su alteridad irreductible, el travestismo parece más bien dar testimonio de su fuerza en tanto que paradigma, así como de los conflictos que genera.

Reconocer esto posibilita no sólo abrir un espacio a las prácticas identitarias desbordantes que se registran en nuestras entrevistas y observaciones, sino también asignarles una relevancia privilegiada. Desde esta perspectiva ellas jamás habrían emprendido viaje alguno. El proceso que construyen es la representación brechtiana de todo viaje, aquello que nos muestra que las hojas de ruta que entendemos y vivimos como biológicamente trazadas no son sino un efecto de poder. De este modo, los procesos de construcción de identidades son devueltos al terreno de la política.

La simulación travesti, eje clave de la construcción de identidad, se inscribe de lleno en una relación de poder, imitando el gesto de lo menor y buscando renunciar a los signos del poder masculino, en un intento de tachado de la identidad de origen que lo representa. Por un lado se vale de las distinciones efectuadas por el orden patriarcal, en donde el lugar del falo va a ser la última palabra para designar a varones y mujeres. Pero, por otro lado, ironiza su legitimación subvirtiendo la relación en la renuncia a los signos de la masculinidad en su propio cuerpo y, al optar por lo marginal, ironiza también la figura de la mujer, como lugar cuyo poder radica en la seducción del juego de las apariencias.

La identificación de ese forcejeo –que es a la vez un flirteo– con el poder, es, según creo, el atractivo mayor de esta hipótesis de trabajo. Recuperar el carácter político de las prácticas identitarias, en los distintos terrenos en los que éstas se juegan, implica deshacer las divisiones que ordenen "policialmente" (Ranciere, 1996) la distribución de los cuerpos, que prescriben modos de hacer, de ser y de decir. Mi mayor duda respecto del enfoque deconstruccionista se refiere precisamente al modelo que adopta para trabajar el carácter político de las luchas identitarias. Considero al modelo representacional de la *performance* y la parodia demasiado estrecho para abordar fenómenos como la organización de las travestis, su presencia pública en la plaza, en los medios de comunicación, la interacción con otros grupos socio-sexuales, con el sistema político y sus apelaciones a la sociedad. Es innegable que en virtud de sus propias características, se presenta como sumamente atractivo para analizar la práctica prostibular que las travestis describen, allí donde los lugares y las luces nocturnas de las calles de la ciudad se convierten en el escenario de un espectáculo cuidadosamente preparado para actuar una identidad que les está vedada durante el día. Pero sólo violentando los

198 ——————————————————————————— C<small>UERPOS</small> <small>DESOBEDIENTES</small>

datos, serviría para dar cuenta de las interacciones que ellas establecen en tanto que colectivo con otros grupos de diversidad sexual a la hora de discutir el orden de precedencia en una marcha diurna, las consignas que se adoptarán, los/as interlocutores/as con los/as que vale la pena discutir y confrontar, la articulación de las luchas por el reconocimiento de la identidad travesti, la reivindicación de derechos ciudadanos o la denuncia de la represión policial. Tampoco fenómenos como las transformaciones en las relaciones con el propio cuerpo, el cuestionamiento de los estereotipos de mujer, o las búsquedas de formas de ser más reconciliadas con la propia subjetividad parecen poder ser incluidas dentro del modelo representacional.

Después de todo, las representaciones o des-representaciones de género de las travestis, sus prácticas estereotipadas o transgresoras, sus exploraciones y reproducciones, son componentes históricos y situados de procesos a través de los cuales las personas y colectivos sociales buscan componer, a partir de recursos culturales disponibles y de formas más o menos acertadas, vidas con sentido en sociedades que hacen todo por impedirlo. Y así como estos procesos se empañan cuando proyectamos sobre ellos esquemas bipolares construidos *a priori*, también pueden volvérsenos opacos cuando los convertimos en simples portadores de un mensaje que desnuda los secretos ocultos del poder. Las luchas de los grupos que pugnan por existir y por definir cómo existir, requieren de modelos de análisis en los que la política no sea reducida a categorías estéticas. La deconstrucción de los esquemas interpretativos debe dar lugar a enfoques políticos en los que la crítica de los órdenes simbólicos, la conquista de nuevos espacios de existencia social y la reconstrucción y exploración de identidades se sitúen en el centro mismo de las relaciones que organizan nuestras sociedades, desde las familias hasta las plazas y que puedan, desde allí, ser entendidas y analizadas.

En definitiva, si pudiera expresarse así, quisiera sostener que la primera hipótesis alberga un núcleo de verdad cuando afirma que los modelos de referencia predominantes continúan siendo modelos generizados; mientras que la segunda acierta al afirmar críticamente que estos modelos no agotan los "mundos posibles". Sin embargo, es la hipótesis deconstruccionista la que abre un horizonte de comprensión más promisorio al afirmar que el travestismo, como otras identidades nómades, no sólo delata el pacto de poder sobre el que se levanta el orden bipolar y biocéntrico de los géneros, sino que osa llevar su mirada más allá del lenguaje que expresa y construye ese orden, para desordenarlo y tornarlo así más propicio a la exploración de otras formas de vida.

Quisiera añadir que la mirada de las travestis sobre sí mismas y sobre la sociedad debe ser analizada desde un enfoque político concreto e históricamente situado. Un enfoque que evite toda tentación de asimilación de las prácticas identitarias con representaciones que, a espaldas de las propias travestis de carne y hueso, organizan un espectáculo en el que se muestra, parodiándolo, lo que el mundo pretende ocultarse a sí mismo. Son el concreto surgimiento y la difícil conquista de escenarios sociales más abiertos, plurales y conflictivos, los que permiten que la voz de las travestis se articule en un debate público capaz de desordenar el orden de lo dado. Es esta voz, con sus contradicciones y dudas, la que convoca a actores sociales, políticos e institucionales específicos a ese debate que muchos de ellos no están dispuestos a dar. Es este debate público, además, el que permite ensanchar el espacio en el que las identidades pueden tornarse más reflexivas y aflojar los esquemas que las estructuran y estructuran su mundo. Es esta posibilidad de reflexión compartida, por último, la que permite desarrollar formas de relación consigo mismas y con sus cuerpos que desborda el orden de los géneros.

En este sentido, no creo que haya nada que distinga a las travestis de otros grupos que reclaman legítimamente su derecho a explorar y vivir libremente formas de sentir, de ser y de hacer que nuestras sociedades generizadas y biocéntricas no aceptan. No creo que las prácticas identitarias de las travestis revelen algo más allá de la aspiración, compartida con muchos otros grupos, a una sociedad más plural que pueda ser vivida y aceptada por todos sus miembros en armonía con lo que pretenden ser y que, por lo tanto, permita explorar posibilidades que muchas veces desafían el orden de los sexos y los géneros.

Cuando ordenaba este trabajo tratando de extraer algunas reflexiones finales, escuché una conversación entre dos personas. Una de ellas travesti y activista y la otra antropóloga. La antropóloga increpaba a la travesti:

—*Mirá, no creo que el travestismo sea algo subversivo.*

La activista le respondió:

—*¿Qué? ¿Además tengo que ser subversiva?*

Anexo

VIII Marcha del Orgullo Gay, Lésbico, Travesti, Transexual y Bisexual: los discursos por identidad

Discurso por identidad gay

Por octava vez, este año marchamos para demostrar que formamos parte de la sociedad, que hacemos y sentimos a pesar de que muchos tratan de invisibilizarnos, excluirnos y eliminarnos. Hoy, junto a lesbianas, travestis, transexuales y bisexuales, y diversas instituciones de derechos humanos, los gays nos juntamos para consolidar un esfuerzo común de lucha y de festejo. Y estamos para establecer una sociedad que pueda convivir con lo diferente, luchas contra las instituciones que generan aparatos políticos, económicos, ideológicos y culturales de control, represión y opresión sobre nuestro cuerpo, nuestro gesto, nuestro amor, nuestro sexo, nuestras vidas. Luchamos contra los que hacen desaparecer el conflicto. Los gays somos echados de nuestras familias y de nuestros trabajos. La institución de la Iglesia nos sigue tratando como enfermos y somos perseguidos y exterminados por la policía. Festejamos ser "costurertas" y luchamos por no convertirnos en asesinos, porque no queremos participar de un ejército de prácticas genocidas. Por el contrario, queremos denunciar a todas las personas que violan nuestros derechos humanos, a los que posibilitan que ellos sigan en libertad y a los que callan con su silencio de complicidad. Nosotros no callamos, brillamos y festejamos estar acá para poder decir una vez más que vamos a seguir luchando por vivir y amar a nuestra manera. Junto a las lesbianas, travestis, transexuales y bisexuales, los gays marchamos para hacer brillar con toda la fuerza de nuestro orgullo. Para hacer brillar las palabras por las cuales Carlos Jáuregui dio su vida: "El principio de nuestra lucha es el deseo de todas las libertades. En la sombra de la hipocresía. ¡A brillar, mi amor!".

Discurso por identidad lesbiana

Nosotras, las mujeres lesbianas, tenemos mucho que decirnos y decirles. Hablarles de la diferencia nos permite conocernos y respetarnos. Las travestis tienen mucho que decirnos a las lesbianas y los gays. Los gays tienen mucho que decirnos a las lesbianas y a las travestis. Y nosotras tenemos mucho que decirnos a nosotras mismas y a ellos y a ellas. Para eso tenemos este espacio, porque la discriminación y opresión en esta sociedad es no sólo porque somos lesbianas sino también porque somos mujeres. Nos discriminan en nuestros trabajos, cobramos menos que nuestros compañeros varones, muchas de nosotras tenemos que vivir situaciones de violencia, violaciones y acoso en donde vivimos, en donde trabajamos y en nuestros propios hogares familiares. Las políticas y campañas de salud no están generalmente destinadas a nosotras. Quieren decidir hasta sobre nuestros cuerpos, imponiéndonos el talle que debemos tener, cuántos hijos o hijas y cuándo tenerlos, provocando así millones de muertes por abortos practicados en malas condiciones, por bulimia, por anorexia. Con nosotras, como con las travestis, transexuales, gays, mujeres inmigrantes, indígenas, jóvenes y con tanta gente más, ellos quieren decidir quiénes somos y cómo debemos serlo. Y venimos acá para decirles que no, para decirnos que no, que vamos a ser como queramos ser. Porque estamos orgullosas y orgullosos de quienes somos y desde ahí brillamos. Por la no violencia hacia la mujer, por la despenalización del aborto, por empleo para todos y todas e igual salario para la mujer, por la libre adopción de nuestra sexualidad, por iguales oportunidades para todos y todas, por las mujeres lesbianas, por las putas, por las locas, por las viejas, por las gordas, por las judías, por las pendejas, las indias, las bisexuales, y por todas, convocamos a todas: "En la sombra de la hipocresía. ¡A brillar mi amor!".

Discurso por identidad travesti

¡Hola negritas viciosas! ¡Hola exhibicionistas¡ ¡Hola mascaritas sidóticas! ¡Hola hombres vestidos de mujer!

Estas palabras nos son muy familiares, resuenan aún y lo harán por mucho tiempo en nuestra memoria. Son los descalificativos más usados por una clase burguesa que ve amenazada la sombra de su hipocresía por el brillar de nuestras siliconas encandecidas, por los políticos corruptos que no vacilan en enriquecerse a costa del hambre y la exclusión social, por la iglesia hostil a las travestis pero clara a la hora de elegir entre el oro y el barro, entre el mármol y el yeso, entre la plata y la lata, por los sensibles de Palermo, sensibilidad que por cierto no queda muy clara a la hora de trabajar para la policía, quienes son los sostenedores de la violencia, la muerte de 82 compañeras travestis y 30.000 desaparecidos. Pero estas negritas, exhibicionistas, estas mascaritas, venimos luchando desde hace un tiempo para quitarle el velo a una sociedad que sólo ve el mundo como hombre o como mujer, perdiendo en esa mirada la infinita riqueza de la diferencia. Y no pararemos de hacerlo, porque esta ceguera nos mata. Compañeras travestis, desde la sombra de la hipocresía ¡a brillar! Porque nosotras no venimos a pedir un lugar, venimos a ocupar nuestro lugar. Y nada mejor que hacerlo juntas como prostitutas, juntas como coprovincianas, juntas como peruanas, juntas como bolivianas, como paraguayas, como uruguayas, juntas como amigas, juntas como excluidas de este sistema homicida. Pero no todos son los vecinos de Palermo, no todos son la policía, no todos son la Iglesia, no todos son la burguesía. Nuestra lucha es también la de gays, la de lesbianas, transexuales y bisexuales, que venciendo su propia travestofobia se unen todos los días a nuestro grito. Invitamos a todos y todas: "En la sombra de la hipocresía. ¡A brillar, mi amor!".

Agradecimientos

Mi más destacado reconocimiento es para Daniel Hernández, el primer interlocutor que tuve en el proceso de elaboración de este trabajo. Su amoroso e inteligente acompañamiento en cada idea, duda, conflicto, pasión y enredo que me atravesaron en el camino recorrido hasta llegar a este producto, fue siempre un aporte exquisito. Agradezco especialmente a cada una de las travestis cuyos testimonios recojo en este trabajo. "Un día, nosotras vamos a estudiar a las antropólogas", decían cada vez que me veían aparecer en sus hoteles, pensiones y "paradas", con grabador y cuaderno de notas en mano. Llegando a veces en horarios poco oportunos para su ritmo de vida, cansándolas con preguntas propias de quien no conoce la jerga —y el mundo— travesti, interrumpiendo en ocasiones su actividad prostibular y "espantando al cliente", siempre fui recibida con cariño y buena disposición. Ellas son, sin duda, el "alma" de este libro. Agradezco a mis amigas y pares activistas Mónica D'Uva y Silvia Catalá y a mi hermana y también amiga Silvana Fernández, las más tempranas lectoras críticas de este libro. Sus interrogantes fueron aliento y estímulo para llegar a él. A Pablo Chacón y a la Dra. Verena Stolke, quienes, a un lado y otro del océano, advirtieron desde el comienzo y asumieron como propia la necesidad de dar cuenta de un grupo que se resiste a la peor de las muertes sociales: el silencio del exilio al que son reducidas las voces —las identidades— que no son escuchadas. Agradezco también a la Fundación Carlos Chagas (San Pablo, Brasil), no sólo porque financió el año que me llevó desarrollar la investigación sino por haber dado lugar en un programa sobre varones y masculinidades *– Tercer Programa de Treinamento em Pesquisa sobre Dereitos Reprodutivos an America Latina e Caribe – PRODIR III Homens-Masculinidade–* a un proyecto que proponía un estudio sobre la construcción de feminidades. A la generosidad intelectual de quien fuera mi Consejero Académico como becaria de dicha Fundación, Dr. Richard Guy Parker, y de la Dra. Dora Barrancos, Directora de la Tesis de Magíster en Sociología de la Cultura (Universidad Nacional de San Martín) en el marco del cual inicié la escritura de este libro. Uno y otra fueron siempre materia dispuesta para asesorarme y discutir mis resultados. Quiero reconocer especialmente el amor y la sagacidad de mi amiga Marina Gaillard en la edición del libro. Marina, primero desde París, donde reside desde hace ya varios años, y luego a mi lado en Colón, donde pasamos juntas unas cortas vacaciones, me sugirió cambios sobre cada punto y cada coma del texto original y me ayudó a pensar en la mejor manera de presentarlo a posibles lectoras/es. Por último, agradezco al Dr. José Nun por haber propuesto a EDHASA esta publicación y a Fernando Fagnani por su atenta, inteligente e interesada lectura de mi trabajo, por sus sugerencias y por la confianza y el tiempo que me otorgó para realizar los arreglos requeridos.

Bibliografía

Alarcón, Cristian (1998): "Proponen a una dirigente travesti como candidata a diputada. De la zona roja al Congreso Nacional", *Página/12*, Buenos Aires, pp.14-15, diciembre.

———— (1998): "Qué dicen los vecinos y las prostitutas. De la cautela a los insultos", *Página/12*, Buenos Aires, p.14, junio.

Álvarez, Ana (1998): *El sexo de la ciudadanía*, Tesis de Licenciatura presentada en la Facultad de Filosofía y Letras de la Universidad de Buenos Aires, mimeo.

Bajtin, Mijail (1987): *La cultura popular en la Edad Media y en el Renacimiento. El contexto de Francois Rabelais*, Madrid, Alianza.

Barreda, Victoria (1993): "Cuando lo femenino está en otra parte", *Publicar*, revista de Antropología y Ciencias Sociales de la Universidad Nacional de Buenos Aires, Año 2, n.º 3, septiembre, pp. 27-32.

———— (1995): *Cuerpo y género travestidos*, comunicación presentada en el V Congreso Nacional de Antropología Social, Facultad de Ciencias Sociales de la Universidad Nacional del Centro de la Provincia de Buenos Aires, Olavarría, Mimeo.

Bernard, Russell H. (1995): *Research Methods in Anthropology. Qualitative and Quantitave Approaches*, Walnut Creeek, Altamira Press.

Blackwood, Evelyn (1984): "Sexuality and Gender in Native American Tribes: The Cae of Cross Gender Females", *Signs*, vol.10 n.º 1, otoño, Chicago.

Bolin, Anne (1996): "Traversing Gender. Cultural context and gender practices", en Sabrina Petra Ramet (edit.), *Gender Reversals and Gender Cultures. Anthropological and Historical Perspectives*, Londres, Routledge, pp. 22-52.

———— (1996): "Transcending and Transgendering: Male to Female Transsexuals, Dichotomy and Diversity", en Gilbert Herdt (edit.), *Third Sex, Third Gender. Beyond Sexual Dimorphism in Culture and History*, Nueva York, Zone Books, pp. 447-486.

Bourdieu, Pierre (1991): *El sentido práctico*, Madrid, Taurus.

——— (1993): *Cosas dichas*, Barcelona, Gedisa.

——— (2000): *La dominación masculina*, Barcelona, Anagrama.

Bourdieu, Pierre y Wacquant, Loïc (1995): *Respuestas. Por una antropología reflexiva*, México, Grijalbo.

Braidotti, Rosi (1994): *Nomadic Subjetcts. Embodiment and Sexual Difference in Contemporary Feminist Theory*, Nueva York, Columbia University Press.

Buffington, Rob (1998): "Los *jotos*. Visiones antagónicas de la homosexualidad en el México moderno", en Daniel Balderston y Donna Guy (comps.), *Sexo y sexualidades en América Latina*, Buenos Aires, Paidós,

Butler, Judith (1990): *Gender Trouble. Feminism and the Subversion of Identity*, Nueva York, Routledge.

——— (1993): *Bodies that Matter. On the Discursive Limits of "Sex"*, Nueva York, Routledge.

Cornwal, Andrea (1994): "Gendered Identities and Gender Ambiguity Among Travestis in Salvador, Brazil", en Andrea Cornwall y Nancy Lindisfarne (edits.), *Dislocating masculinity: Comparative ethnographies*, Londres, Routledge.

D'Uva, Mónica (1998): *Las mujeres o el poder de ser*, ensayo presentado en ocasión del Encuentro Nacional Feminista, Córdoba.

De Lauretis, Teresa (1989): *Technologies of Gender, Essays on Theory, Film and Fiction*, Londres, Macmillan Press.

De Veyga, Francisco (1902): "Inversión sexual congénita", en *Archivos de Criminología y Medicina Legal*, Facultad de Medicina, Biblioteca de Graduados, Buenos Aires, pp. 44- 48.

——— (1903): "El amor en los invertidos sexuales", en *Archivos de Criminología, Medicina Legal y Psiquiatría*, Facultad de Medicina, Biblioteca de Graduados, Buenos Aires, pp. 332-341.

——— (1903): "La inversión sexual adquirida. Tipo invertido profesional. Tipo invertido por sugestión. Tipo invertido por causa de decaimiento mental", en *Archivos de Psiquiatría, Criminología y Ciencias Afines*, Biblioteca del Congreso Nacional, Buenos Aires, pp. 193-208.

——— (1903): "La inversión sexual adquirida. Tipo profesional: un invertido comerciante", en *Archivos de Psiquiatría, Criminología y Ciencias Afines*, Facultad de Medicina, Biblioteca de Graduados, Buenos Aires, pp. 289-213.

——— (1904): "Los auxiliares del vicio y el delito", en *Archivos de Psiquiatría, Criminología y Ciencias Afines*, Facultad de Medicina, Biblioteca de Graduados, Buenos Aires, pp. 289-313.

─────── (1906): "La simulación del delito", en *Archivos de Psiquiatría, Criminología y Ciencias Afines*, Facultad de Medicina, Biblioteca de Graduados, Buenos Aires, pp. 165-180.

Defensoría del Pueblo de la Ciudad de Buenos Aires y Asociación Lucha por la Identidad Travesti y Transexual (1999): *Informe preliminar sobre la situación de las travestis en la Ciudad de Buenos Aires.*

Devereux, George (1935): *The Sexual Life of the Mohave Indians*, Los Ángeles, University of California.

─────── (1937): "Institutionalized Homosexuality of the Mohave Indians", en *Human Biology*, n.º 9.

Ekins, Richard (1998): "Sobre el varón feminizante: una aproximación de la 'teoría razonada' sobre el hecho de vestirse de mujer y el cambio de sexo", en José Antonio Nieto (comp.), *Transexualidad, transgenerismo y cultura. Antropología, identidad y género*, Madrid, Talasa, pp. 159-188.

Facuse, Marisol (1998): *Travestismo en Concepción: una cartografía desde los márgenes urbanos*, Tesis presentada en la Facultad de Ciencias Sociales de la Universidad de Concepción, Chile, Mimeo.

Ford, Aníbal y Mazziotti, Nora (1991): "José González Castillo: cine mudo, fábricas y garçonnières", en José González Castillo, *Los Invertidos*, colección Repertorio, dirigida por Nora Mazziotti, Buenos Aries, Puntosur.

Foucault, Michel (1976): *Historia de la Sexualidad (I)*, Buenos Aires, Siglo XXI.

Franco, Jean (1996): "Desde los márgenes al centro. Tendencias recientes en la teoría feminista", en *Marcar diferencias, cruzar espacios*, Santiago de Chile, Cuarto Propio.

Fry, Peter (1982): *Identidade e politica na cultura brasilera*, Río de Janeiro, Zahar.

Garaizabal, Cristina (1998): "La transgresión del género. Transexualidades, un reto apasionante", en José Antonio Nieto (comp.), *Transexualidad, transgenerismo y cultura. Antropología, identidad y género*, Madrid, Talasa.

Garber, Marjorie (1992): *Vested Interest. Cross-dressing and Cultural Anxiety*, Nueva York, Routledge.

Garfinkel, Harold (1967): *Studies in Ethnomethodology*, Nueva Jersey, Prentice Hall.

Gay Aler, Isabel (1994): "La pasión de la identidad. Del transexualismo como síndrome cultural", en *Claves de razón práctica*, n.º 41, Madrid.

Goffman, Erving (1981): *La presentación de la persona en la vida cotidiana*, Buenos Aires, Amorrortu.

Gómez Eusebio (1908): *La mala vida en Buenos Aires*, Buenos Aires, Juan Roldán.

Grosz, Elisabeth (1994): Sexual Difference and the Problem of Essencialism, en *Volatile Bodies: Toward a Corporeal Feminism*, Bloomington, Indiana University Press.

Guy, Donna (1994): *El sexo peligroso. La prostitución legal en Buenos Aires: 1875-1955*, Buenos Aires, Sudamericana.

Habychain, Hilda (1995): *Los géneros, ¿son sólo dos?*, comunicación presentada en el V Congreso Nacional de Antropología Social, Facultad de Ciencias Sociales de la Universidad Nacional del Centro de la Provincia de Buenos Aires, Olavarría, Argentina.

Haraway, Donna J. (1995): *Ciencia, Cyborgs y mujeres. La reinvención de la naturaleza*, Madrid, Cátedra.

Hausman, Bernice (1995): *Changing Sex. Transexualism, Technology and the Idea of Gender*, Londres, Duke University Press.

————— (1998): En busca de la subjetividad: transexualidad, medicina y tecnologías de género, en José Antonio Nieto (comp.), *Transexualidad, transgenerismo y cultura. Antropología, identidad y género*, Madrid, Talasa.

Hekma, Gert (1996): "A Female Soul in a Male Body: Sexual Inversion as Gender Inversion in Nineteenth-Century Sexology", en Gilbert Herdt (edit.), *Third Sex, Third Gender. Beyond Sexual Dimorphism in Culture and History*, Nueva York, Zone Books.

Herdt, Gilbert (1996): "Introduction: Third Sexes and Third Genders", en Gilbert Herdt (edit.), *Third Sex, Third Gender. Beyond Sexual Dimorphism in Culture and History*, Nueva York, Zone Books, pp. 21-81.

Hirschfeld, Magnus (1991): *Transvestites. The erotic drive to cross-dress*, Nueva York, Prometheus Books.

King, David (1998): "Confusiones de género: concepciones psicológicas y psiquiátricas sobre el travestismo y la transexualidad", en José Antonio Nieto (comp.), *Transexualidad, transgenerismo y cultura. Antropología, identidad y género*, Madrid, Talasa.

Krais, Beate (1993): "Gender and Symbolic Violence: Female Opression in the Light of Pierre Bourdieu's Theory of Social Practice", en Craig Calhoun, Edward LiPuma y Moshe Postone (edits.), *Bourdieu. Critical Perspectives*, University of Chicago Press, Chicago.

Lamas, Marta (1986): "La antropología feminista y la categoría 'género'", en *Nueva Antropología*, vol. VIII, n.º 30, México.

———— (1995): "Usos, dificultades y posibilidades de la categoría género", en Marta Lamas (comp.), *El género: La construcción cultural de la diferencia sexual*, México, PUEG.

Lancaster, Roger (1992): *Life is Hard. Machismo, Danger and the Intimacy of Power in Nicaragua*, Berkeley, CA, University of California Press.

———— (1998): "La actuación de Guto: Notas sobre el travestismo en la vida cotidiana", en Daniel Balderston y Donna Guy (comp.), *Sexo y sexualidades en América Latina*, Buenos Aires, Paidós.

Laqueur, Thomas (1994): *La construcción del sexo. Cuerpo y género desde los griegos hasta Freud*, Madrid, Cátedra.

Lemebel, Pedro (1997): *Loco Afán. Crónicas de Sudario*, Santiago de Chile, LOM.

———— (1997): *Travestismo: la infidelidad del disfraz*, comunicación presentada en el Seminario "Conjurando lo perverso, lo femenino presencia suspensiva", Universidad Metropolitana de Chile, Santiago de Chile, mimeo.

Mead, George (1934): *Mind, Self and Society from the Standpoint of a Social Behaviorist*, Chicago, University of Chicago Press.

Nanda, Serena (1996): "Hijras: An Alternative Sex and Gender Role in India", en Gilbert Herdt (edit.), *Third Sex, Third Gender. Beyond Sexual Dimorphism in Culture and History*, Nueva York, Zone Books, pp. 373-417.

Osborne, Raquel (1989): *Las mujeres en la encrucijada de la sexualidad*, Barcelona, La Sal.

Parker, Richard (1999): *Beneath the Equator. Cultures of desire, male homosexuality and emerging gay communities in Brazil*, Nueva York, Routledge.

Perlongher, Néstor (1993): *La prostitución masculina*, Buenos Aires, La Urraca.

Prieswerk y Perrot (1979): *Etnocentrismo e historia*, Buenos Aires, Nueva Imagen.

Prieur, Annick (1998): *Mema's House. Mexico City. On transvestites, queens and machos*, USA, Chicago Press.

Prosser, Jay (1998): *Seconds Skins. The body narratives of transexuality*, Nueva York, Columbia University Press.

Ramet, Petra Sabrina (1996): "Gender Reversals and Gender Cultures. An Introduction", en Sabrina Petra Ramet (edit.), *Gender Reversals and Gender Cultures. Anthropological and Historical Perspectives*, Londres, Routledge, pp. 1-22.

Ranciere, Jacques (1996): *El desacuerdo. Política y Filosofía*, Buenos Aires, Nueva Visión.

Rapisardi, Flavio (1999): *Regulaciones políticas: identidad, diferencia y desigualdad. Una crítica al debate contemporáneo*, mimeo.

Raymond, Janice (1979): *The Transexual Empire*, Boston, Beacon Press.

Reay, Diane (1997): "Feminist Theory Habitus and Social Class: Disrupting Notions of Classlessness", en *Women's Stuidies International Forum*, vol. 20, n.º 2, Pergamon, Londres.

Rodríguez, Carlos (1999): "Ahora nos van a llevar hasta en el supermercado", *Página/12*, Buenos Aires, pp. 13-14, marzo.

Roscoe, Will (1996): "How to Become a Berdache: Toward a Unified Analysis of Gender Diversity", en Gilbert Herdt (edit.), *Third Sex, Third Gender. Beyond Sexual Dimorphism in Culture and History*, Nueva York, Zone Books, pp. 329-372.

Rowbothan, Sheila y Weeks, Jeffrey (1978): *Dos pioneros de la liberación sexual: Edward Carpenter y Havelock Ellis. Homosexualidad, feminismo y socialismo*, Barcelona, Anagrama.

Rubin H. y Rubin, I. (1995): *Qualitative Interviewing. The Art of Hearing Data*, Londres, Sage.

Salessi, Jorge (1995): *Médicos, maleantes y maricas. Higiene, criminología y homosexualidad en la construcción de la Nación argentina (Buenos Aires: 1871-1914)*, Rosario, Beatriz Viterbo.

Sebreli, Juan José (1997): *Escritos sobre escritos, ciudades bajo ciudades*, Buenos Aires, Sudamericana.

Seselovsky, Alejandro (1998): "Ríspido debate en perfil. Los adversarios aceptaron el diálogo pero discutieron sin llegar a ponerse de acuerdo", *Perfil*, Buenos Aires, p.8, junio.

Silva, Hélio R. S. (1993): *Travesti. A invencao do femenino. Etnografia*, Río de Janeiro, Relume Dumará, ISER.

Stoller, Robert (1968): *Sex and Gender: On the Development of Masculinity and Feminity*, Nueva York, Science House.

Ure, Alberto (1991): "La realidad del escenario. Notas sobre la puesta en escena de *Los Invertidos*", en José González Castillo, *Los Invertidos*, colección Repertorio, dirigida por Nora Mazziotti, Buenos Aires, Puntosur.

Verón, Eliseo (1987): *El discurso político. Lenguajes y acontecimientos*, Buenos Aires, Hachette.

Voorhies, Bárbara y Martin, Kay (1978): "Sexos supernumerarios", en *La mujer: un enfoque antropológico*, Madrid, Anagrama, pp. 81-100.

Weeks, Jeffrey (1985): *El malestar de la sexualidad. Significados, mitos y sexualidades modernas*, Madrid, Talasa.

————— (1995): *Invented Moralities. Sexual Values in an Age of Uncertainty*, Oxford, Polity Press.

Whitehead, H. (1981): "The Bow and the Burden Strap: A New Look at the Institutionalized Homosexuality in Native North America", en S. B. Ortnar y Harriet Whitehead (eds.), *Sexual Meaning: The culture Construction of Gender and Sexuality*, Cambridge, Cambridge University Press.

Woodhouse, Annie (1989): *Fantastic Woman. Sex, Gender and Travestism*, Londres, Mcmillan Education.

Esta edición de 2.500 ejemplares
de *Cuerpos desobedientes* se terminó de imprimir en
Cosmos Offset S.R.L.
Coronel García 442, Avellaneda,
el 26 de julio de 2004.

edhasa